AF316729

LA GUIDA COMPLETA

alla

Calligrafia Moderna

& HAND Lettering

UNA GUIDA PASSO DOPO PASSO E UN LIBRO DI ESERCIZI CON TEORIA, TECNICHE, PAGINE DI PRATICA E PROGETTI PER IMPARARE L'ARTE DEL LETTERING

Ricevi i Tuoi Regali

Iscriviti alla nostra Newsletter e riceverei questo materiale gratuito.

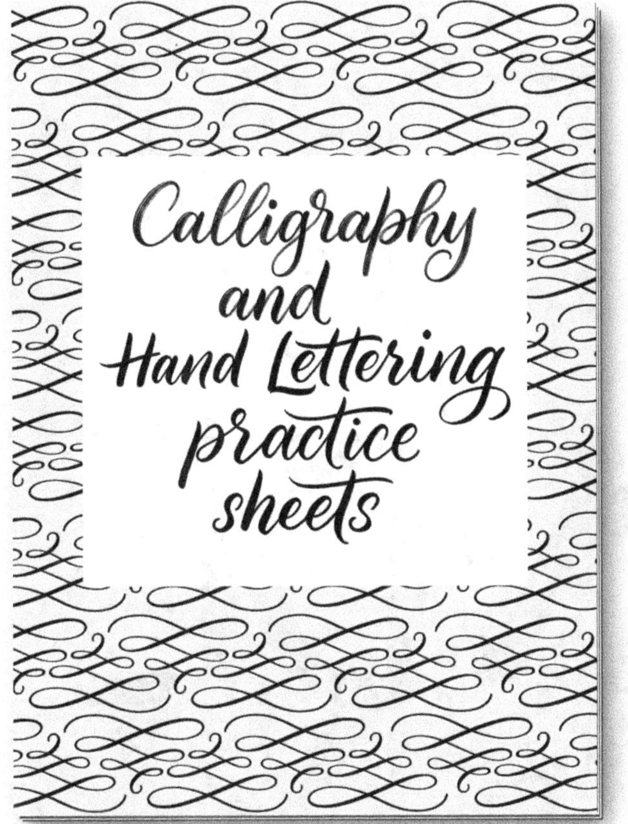

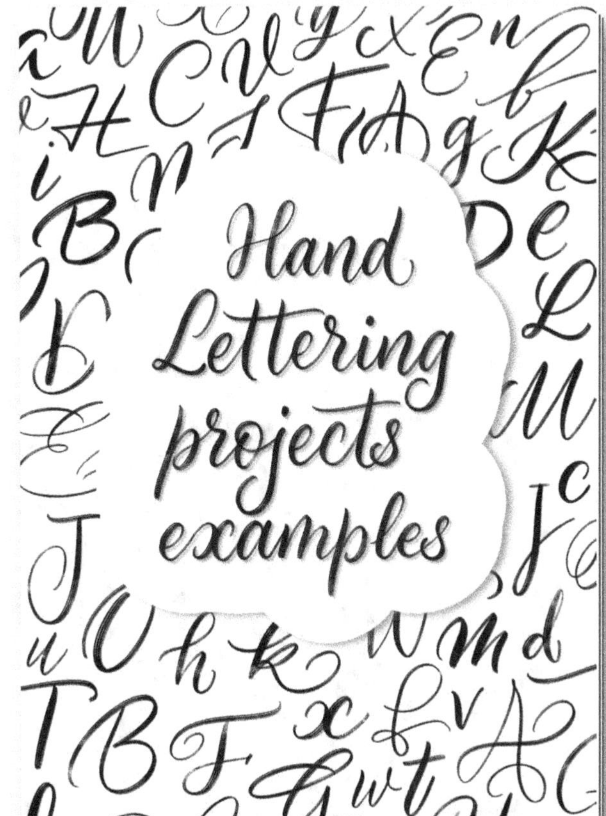

Scarica ora gratuitamente

Scansionami

www.specialartbooks.com/free-materials/

Seguici

E CONDIVIDI LE TUE CREAZIONI

Instagram: @specialart_coloring

Gruppo Facebook: Special Art - Artwork

Sito web: www.specialartbooks.com

Sogna in GRANDE lavora DURO

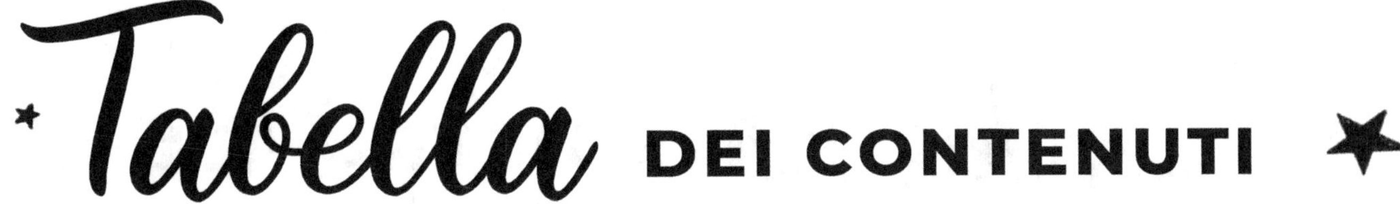

Tabella DEI CONTENUTI

Guardiamo INDIETRO ALLA STORIA

Qual' è il fine ultimo della scrittura?

Le persone scrivono perché hanno bisogno di comunicare informazioni. Nel corso della storia, l'umanità ha cercato il modo più conveniente per trasmettere le proprie conoscenze: sono stati inventati la carta, gli strumenti di scrittura, le varie tecniche di stampa, le incisioni, i francobolli e i marchi editoriali, le stampanti e persino Internet.

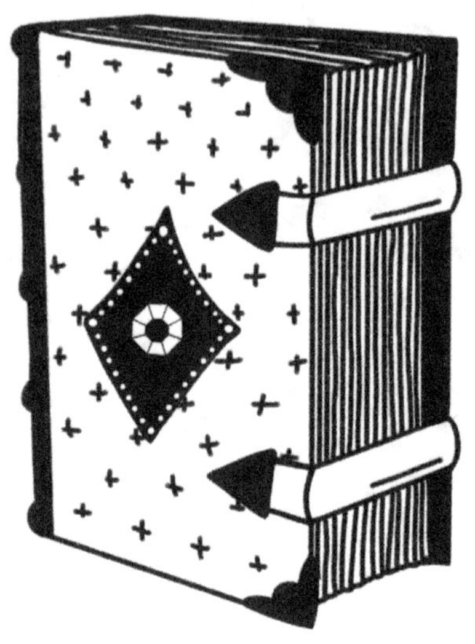

L'abilità di scrivere, e quindi di leggere, era un privilegio per una piccola parte della società. I libri erano di grande valore e rarità. Il passaggio dalla scrittura a mano alla stampa di libri è stato quindi un passo importante per l'intera umanità.

La macchina da stampa era una pressa meccanica che veniva utilizzata per produrre un gran numero di copie stampate.
Il testo veniva digitato utilizzando singole lettere. Ogni lettera e carattere, nonché lo spazio tra le lettere, era un oggetto metallico separato. La composizione della pagina in un libro del genere era pensata accuratamente senza lasciare spazio alla casualità.

Particolare attenzione veniva prestata alla forma della lettera stessa. Era importante che la lettera emergesse nel modo più chiaro possibile. Non doveva esserci alcuna sbavatura di inchiostro tra gli elementi di ciascuna lettera. La lettera doveva essere leggibile sia in grandi che piccole dimensioni. Oltre a ciò, c'erano molte altre sfumature che influenzarono l'aspetto del prodotto stampato.

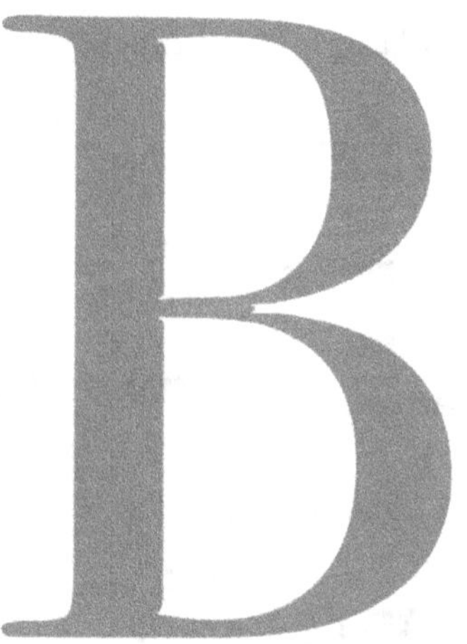

Ovviamente, i primi caratteri tipografici si basavano su alfabeti scritti a mano
che si sforzavano di imitare. Ma la forma delle lettere in calligrafia dipendeva dal
movimento della mano e dallo strumento di scrittura nella mano del calligrafo.

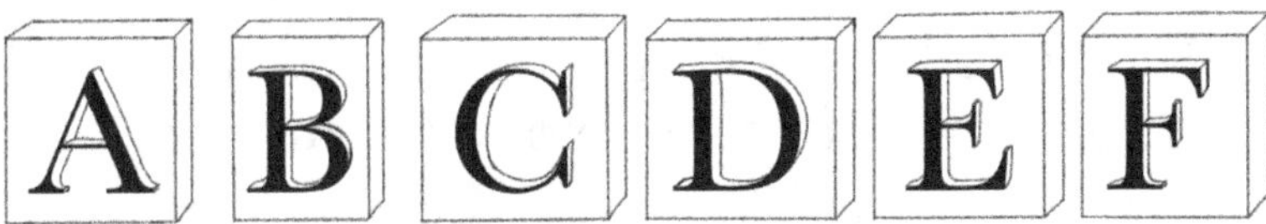

Le lettere stampate erano statiche e seguivano regole diverse.
Vedremo queste regole più tardi ma, per ora, torniamo all'arte della calligrafia.
I maestri della calligrafia avevano un ottimo senso dello spazio, incluso quello
all'interno di una lettera, tra le lettere, tra le parole e tra le righe. Le nostre lettere
hanno forme diverse eppure, i testi calligrafici sono uniformi, come fossero
ornamenti.

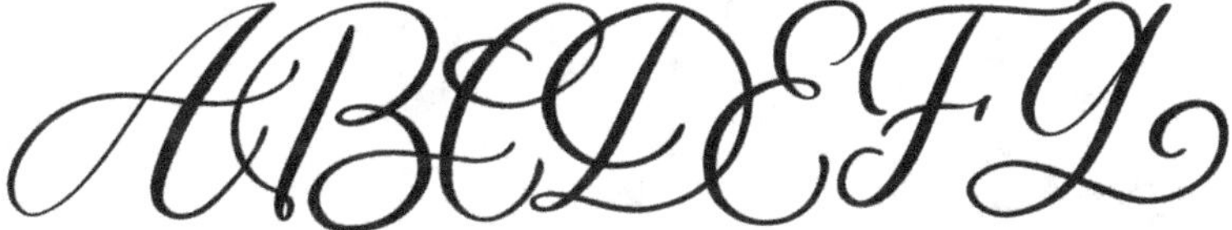

La calligrafia è dinamica. Ciò significa che la stessa lettera può essere scritta in modi
diversi e ci sono molte legature composte da due o più lettere.

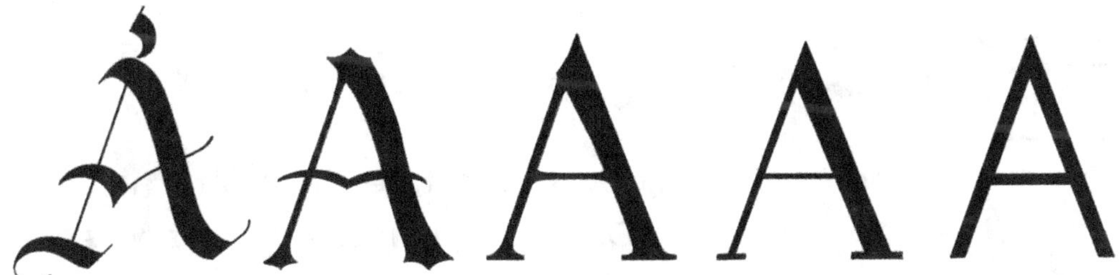

La creazione del carattere ha inevitabilmente seguito la strada della semplificazione.
Per usare le lettere più volte per parole diverse combinandole in modi diversi, le
lettere dovevano avere un aspetto più uniforme.
Le lettere dovevano essere progettate per apparire in qualsiasi combinazione,
proprio come in un gioco di costruzione per bambini.

Al giorno d'oggi, nel mondo digitale, le lettere hanno rinnovato la loro
flessibilità e il modo di cambiare a seconda del loro posto nella parola.
Ecco perché così tante persone sono attualmente interessate alla calligrafia.
Quindi dopo questo breve sguardo alla storia , iniziamo questo emozionante
viaggio nell'arte della calligrafia.

Strumenti

Quindi, cosa ci serve per iniziare questo viaggio?

Quando inizierai a raccogliere gli strumenti di scrittura, preparati per le cose più sorprendenti. Tieni presente che tutto ciò che può lasciare un segno, può essere d'aiuto. Può essere uno spazzolino da denti, un bastone o anche un cetriolo, purché ti ispiri! Non c'è limite alla creatività.

Quindi diamo un'occhiata a un elenco di strumenti di base.

Prima di tutto è fondamentale una matita medio-dura.

Quando si tratta di penne, consiglierei di sceglierne una che lasci una linea di spessore costante.

Pennarelli. Qui dovete prestare attenzione ai pennarelli a punta conica. Differiscono in termini di spessore della linea, elemento per noi importante.

La Brush Pen è un pennarello con la punta a pennello.

Penna appuntita

Calligrafia

La calligrafia è l'arte della bella scrittura.

Storicamente, ogni stile di scrittura è stato generato sulla base dello strumento utilizzato dall'autore.
Per riprodurre una bella calligrafia, dovrai imparare a seguire determinate regole, che definiscono quali strumenti e materiali usare.

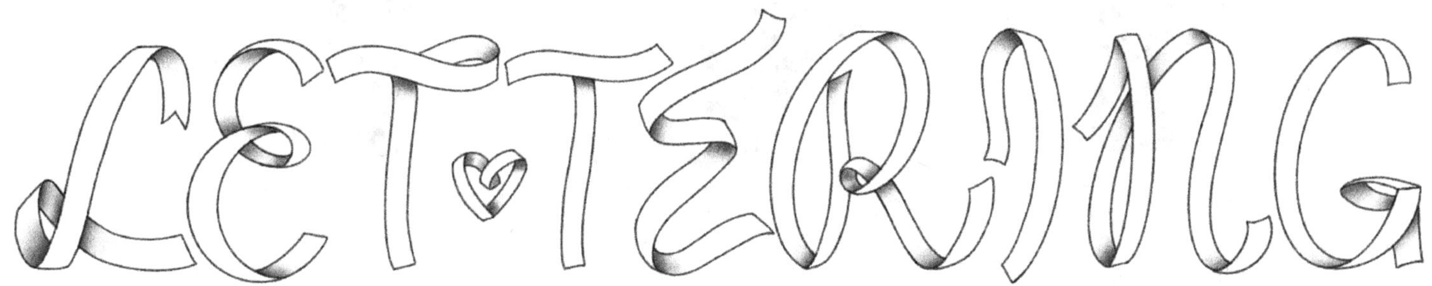

Il Lettering consiste nel disegnare le lettere.

Questa definizione indica che lo spessore della linea e la forma delle lettere dipendono dalla creatività dell'autore e non dallo strumento di scrittura utilizzato.
Il Lettering può basarsi sulla calligrafia o su diversi tipi di caratteri (font).
Diamo un'occhiata ai gruppi di caratteri principali.

Diamo un'occhiata AI GRUPPI DI CARATTERI PRINCIPALI

SERIF

Carattere Serif

I caratteri Serifs consistono in tratti brevi che incorniciano i tratti principali del carattere stesso.

Il Serif classico viene utilizzato per digitare testi di base in quanto un carattere serif ben progettato può fare una grande differenza in termini di leggibilità e risparmio di spazio.

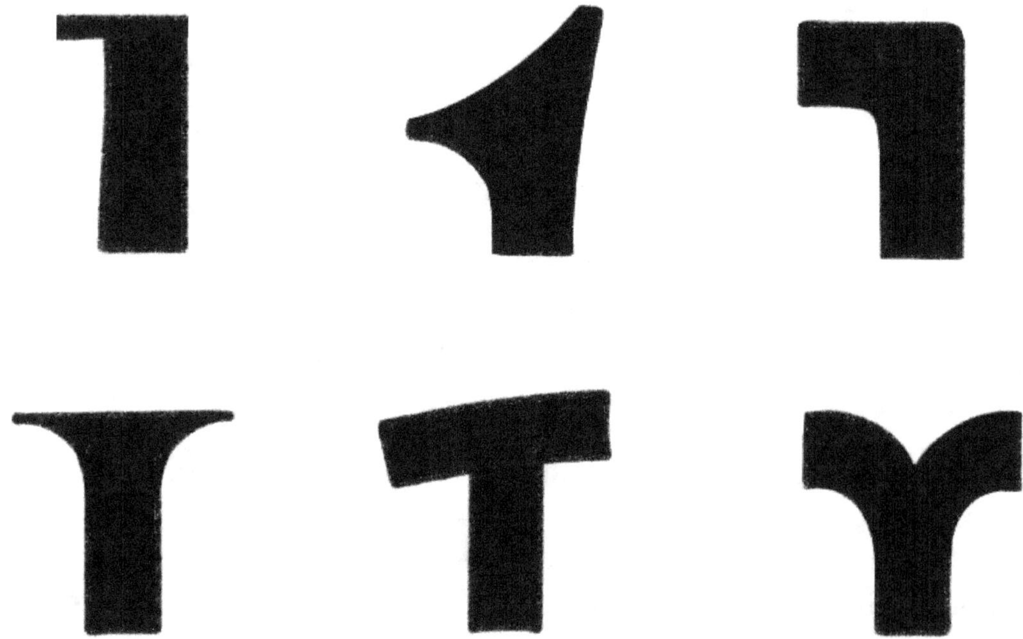

I caratteri Serifs danno agli artisti di calligrafia un modo per aggiungere carattere alle loro creazioni.I Serifs possono essere unilaterali o bilaterali. La loro forma può essere varia: triangolare, rettangolare, arrotondata, decorativa o anche una sottile linea orizzontale, tra gli altri.

SANS

Sans-Serif
I caratteri tipografici senza Serif.
Sono molto più recenti del Serif, essendo apparsi per la prima volta alla fine del XVIII secolo. All'inizio, erano usati esclusivamente come carattere tipografico accentuato. Fu solo nel XX secolo che iniziarono ad essere utilizzati per la composizione tipografica.
I Sans Serif funzionano meglio sugli schermi in quanto più nitidi e leggibili, rendendoli eccellenti per siti Web e applicazioni.

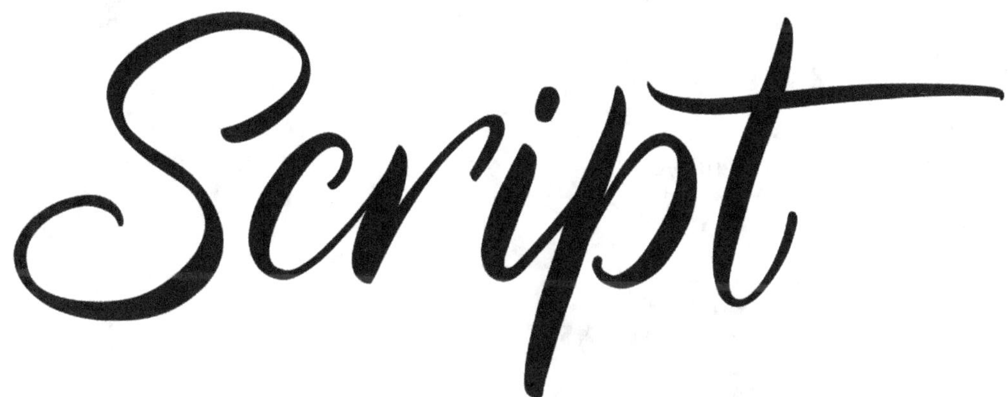

Tipo di carattere script
Imitazione della scrittura a mano o calligrafia

DISPLAY

Display
Tipi di carattere accidentali. Non progettati per la composizione tipografica, utilizzati per segnaletica, titoli o annunci. Caratteri molto distintivi e insoliti.

Pratica

La calligrafia presenta una struttura con tratti spessi discendenti e tratti sottili verso l'alto. La bellezza della scrittura a mano sta nell'abile distribuzione dei contrasti e nella disposizione ritmica di linee sottili e spesse.

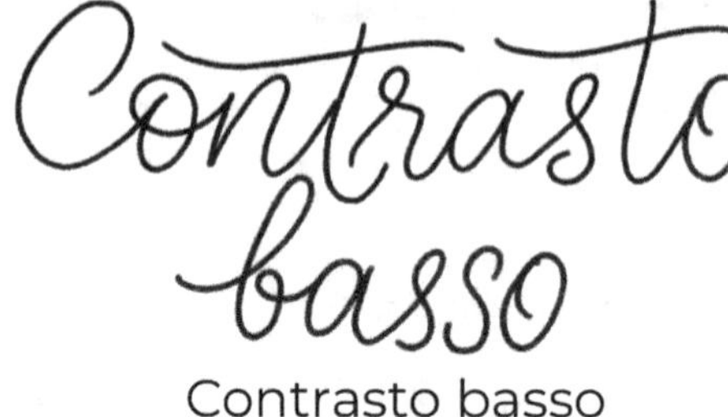

Contrasto basso

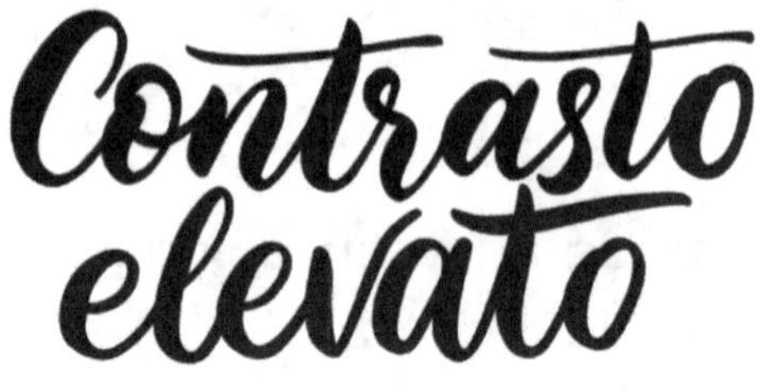

Contrasto elevato

Penna appuntita

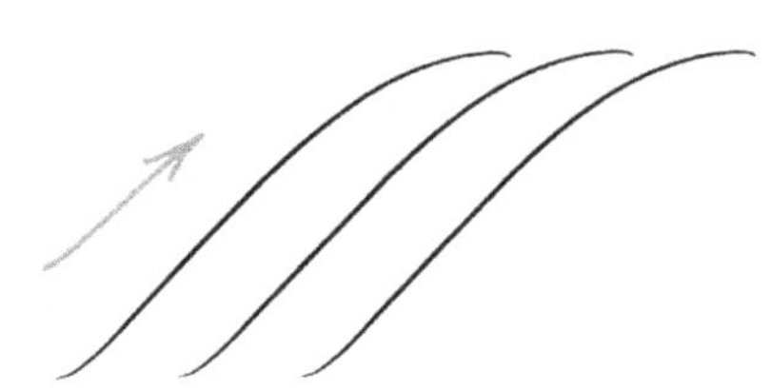

una linea senza pressione

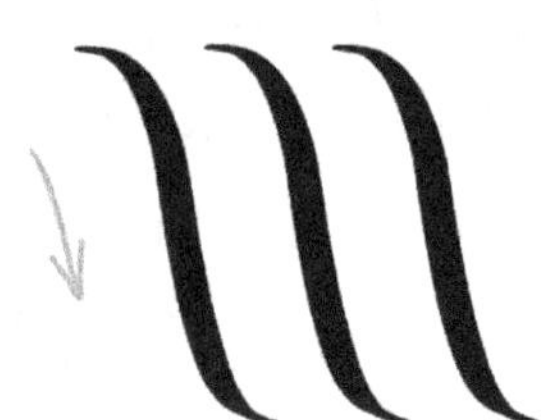

una linea con pressione

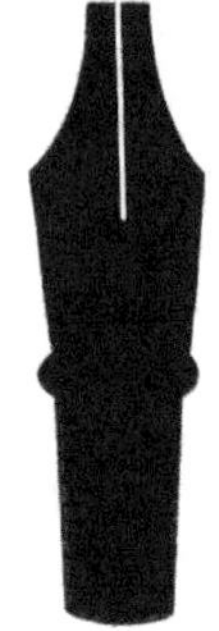

Penna a pennino largo

linea verso il basso

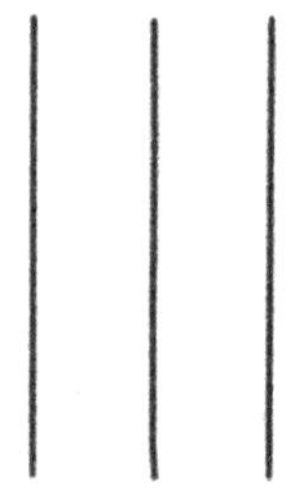

linea sottile

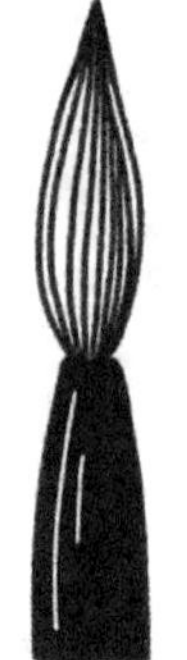

Pennello

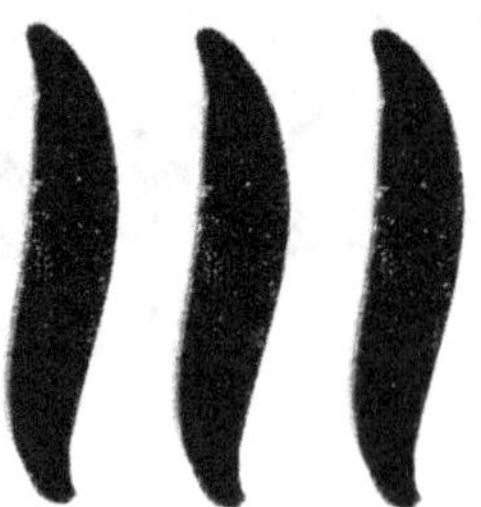

linea con pressione

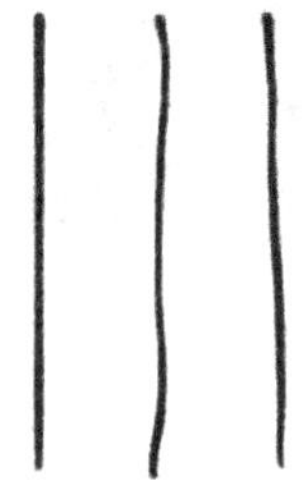

la scrittura viene fatta con la punta del pennello

Anatomia DI UNA LETTERA

Diamo un'occhiata agli elementi basilari.

Gli ascendenti e i discendenti sono gli elementi più visibili.

Gli ascendenti sono le parti del tipo di carattere sopra la linea dell'elemento minuscolo (altezza x), mentre i discendenti sono al di sotto dell'altezza x.

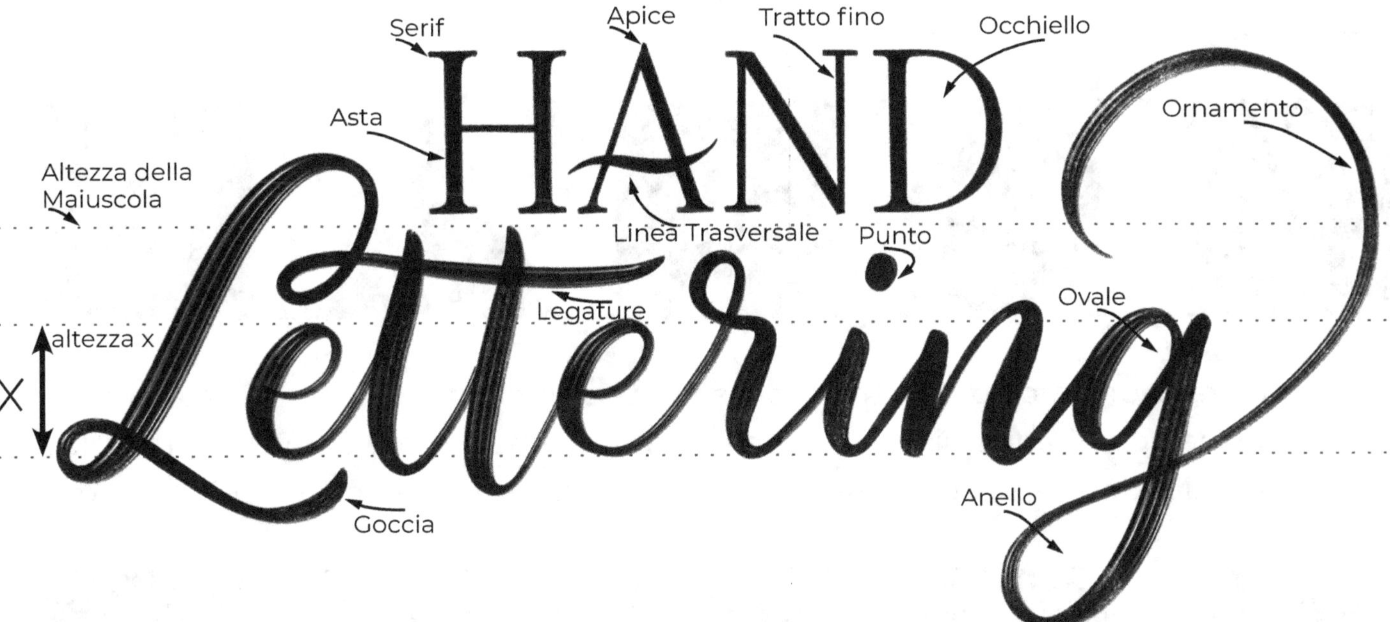

L'altezza del cappuccio è la parte più alta delle maiuscole.
Si noti che la parte superiore dell'elemento (La lettera "L" della parola lettering) è al di sopra di questa linea.

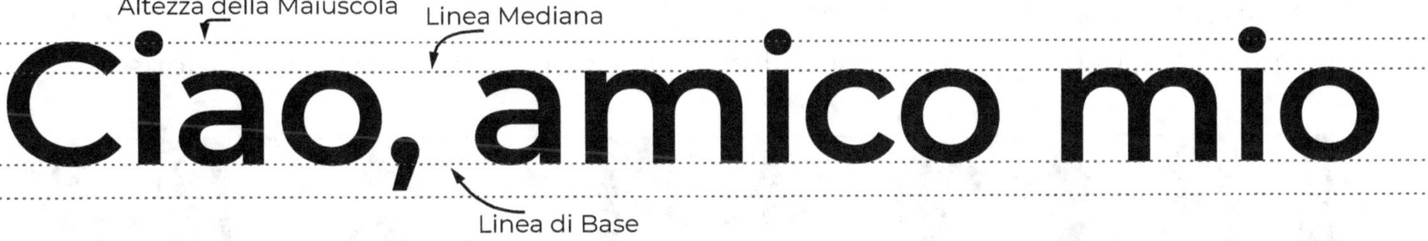

Questo è visibile anche nel font di base «Ciao, amico mio». Guardate le lettere «a» e «o», escono leggermente dalla linea centrale.
Questo perché il peso visivo di una lettera è più importante del suo peso geometrico.

Così i font designer usano le illusioni ottiche per bilanciarle visivamente queste lettere con altre più grandi e meno arrotondate.
Parleremo più approfonditamente di questo tema nel prossimo capitolo.

Illusioni ottiche NELLE LETTERE

Le illusioni ottiche sono errori di percezione visiva causati da errori di accuratezza o processi inadeguati che si verificano durante una correzione inconscia delle immagini visive. Il nostro cervello ci inganna analizzando erroneamente i dati. Questo perché la nostra percezione visiva delle dimensioni e della forma di un oggetto dipende dal contesto in cui viene visualizzato.
I font designer si confrontano spesso con l'illusione ottica della percezione delle dimensioni.

Se un quadrato, un cerchio e un triangolo sono posizionati tra le stesse linee di base, le forme appariranno disuguali, con il quadrato che appare come la figura più grande, seguito dal triangolo e, infine, dal cerchio, che apparirà come il più piccolo.

Per far apparire le figure visivamente uguali, dobbiamo compensare l'illusione ottica ingrandendole, in modo che ci appaiano come figure della stessa dimensione.

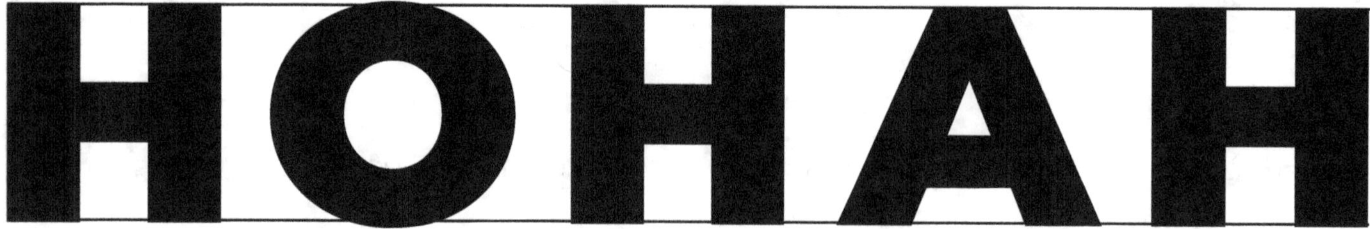

Lo stesso accade con le lettere. Le lettere con angoli arrotondati o nitidi appaiono più piccole di altre lettere quando vengono posizionate sulla stessa linea di base. Di conseguenza, dobbiamo compensare questa illusione lasciando queste lettere fuori dalla linea di base.

Se disegniamo le lettere H e N della stessa larghezza, la lettera N appare leggermente più stretta della lettera H. Ciò accade perché l'elemento diagonale in N occupa più spazio all'interno della lettera rispetto al tratto orizzontale in H. Per compensare l'illusione ottica, la lettera N dovrebbe essere leggermente più ampia della lettera H.

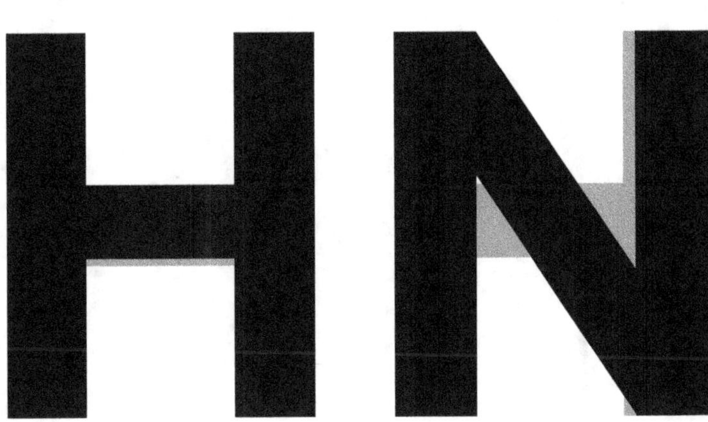

I tratti orizzontali appaiono più spessi di quelli verticali, quindi nelle lettere con uno spessore costante del tratto, è necessario rendere i tratti orizzontali leggermente più sottili di quelli verticali.

Un cerchio perfettamente rotondo appare schiacciato, mentre un cerchio allungato verticalmente appare dritto. Quindi, quando si disegna una lettera visivamente rotonda, come la «O», è necessario compensare la distorsione visiva.

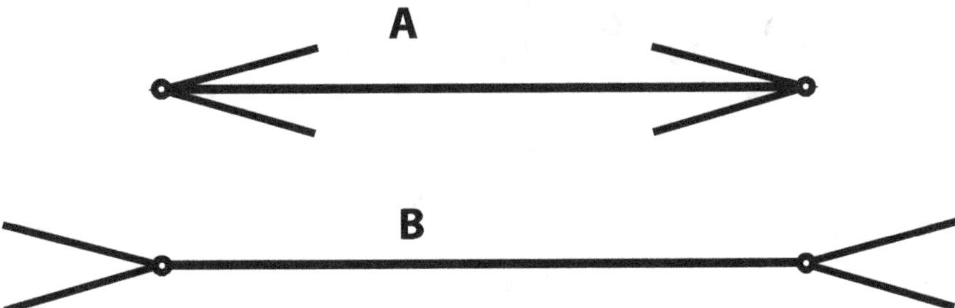

Quale segmento di linea è più lungo, A o B?
In realtà, anche se la linea B sembra molto più lunga, in realtà sono assolutamente uguali in lunghezza.

Ci sono molti altri esempi di come la forma influenzi la vista, di come la percezione delle dimensioni sia influenzata dagli oggetti circostanti e molto altro ancora.
Il processo di costruzione delle lettere avviene seguendo un gran numero di regole.
Tuttavia, la calligrafia è una forma di scrittura a mano, in cui il calligrafo si fida della sua percezione visiva più che del righello.
Con la pratica si arriva all'uso intuitivo delle regole.

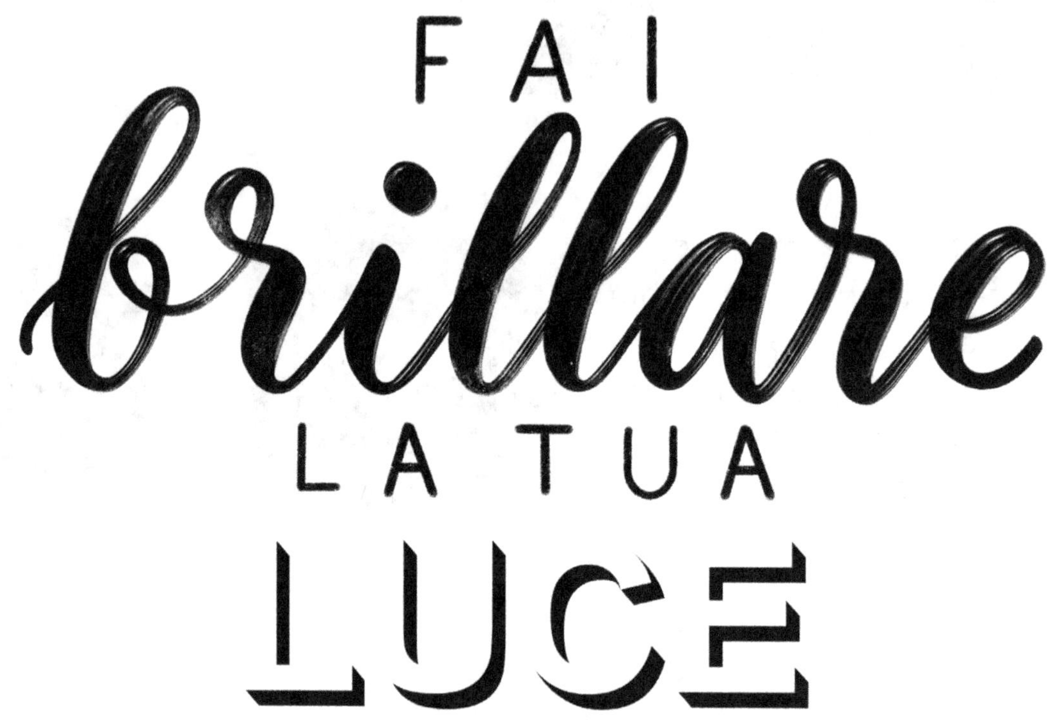

Iniziamo

Iniziamo con qualcosa di semplice e percepiamo l'arte anche nelle lettere più semplici.

Percepisci come si svolge lo spazio all'interno della lettera. Queste lettere sono lo scheletro, la base che in seguito potremo trasformare in una varietà di lettere decorative.

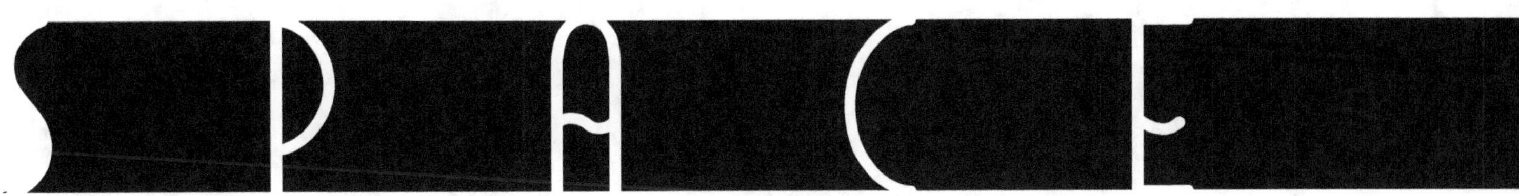

Per ora, lavoriamo sulla fermezza della mano. La nostra mano deve essere in grado di riprodurre l'immagine che nasce nella nostra testa.

Prenditi il tuo tempo e scrivi tutte le lettere lentamente e con attenzione.

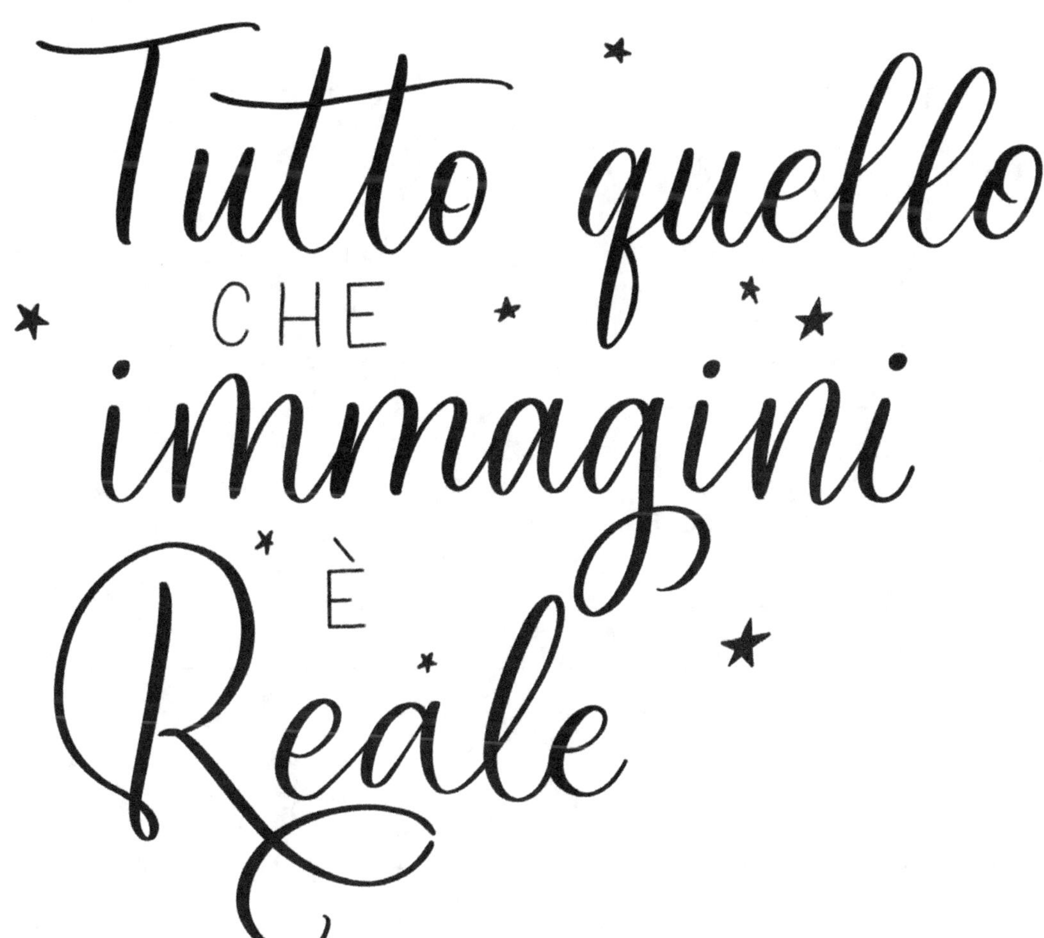

ALFABETO SANS SERIF

Prenditi il tuo tempo per scrivere tutte le lettere lentamente e con attenzione

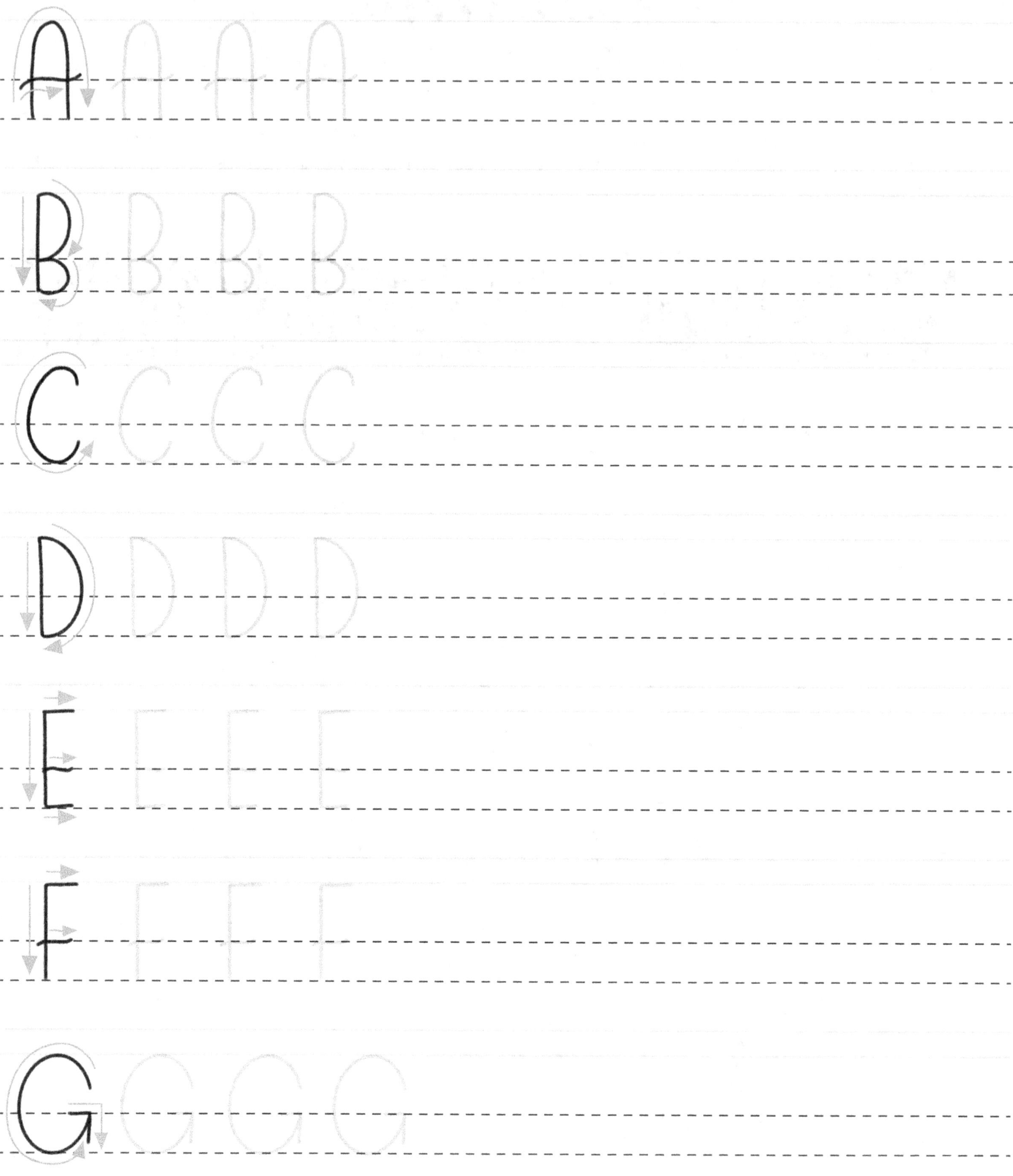

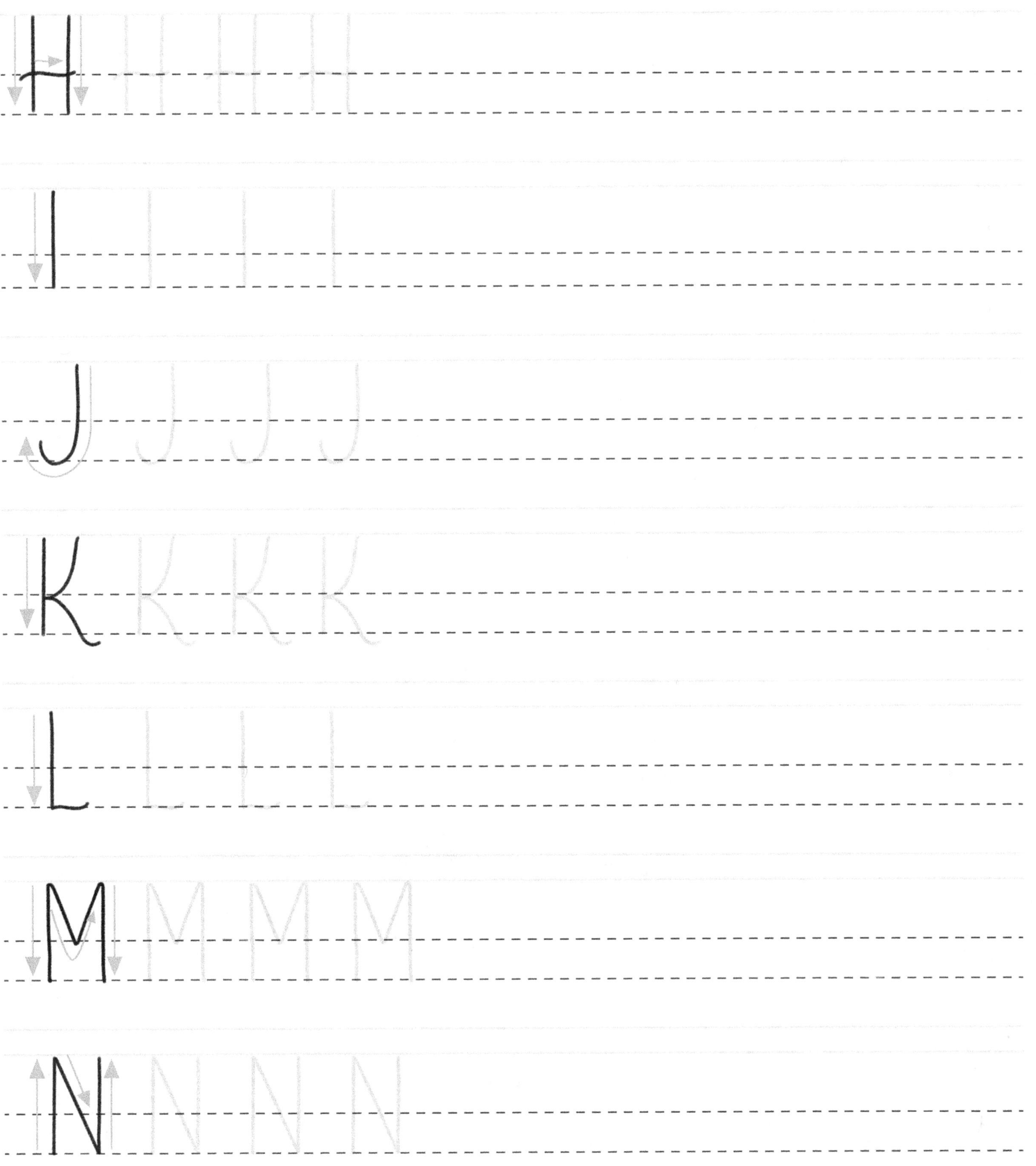

ALFABETO SANS SERIF

Prenditi il tuo tempo per scrivere tutte le lettere lentamente e con attenzione

Prima
ti guardano,
poi
ti odiano
poi
ti copiano

Calligrafia MONOLINEA

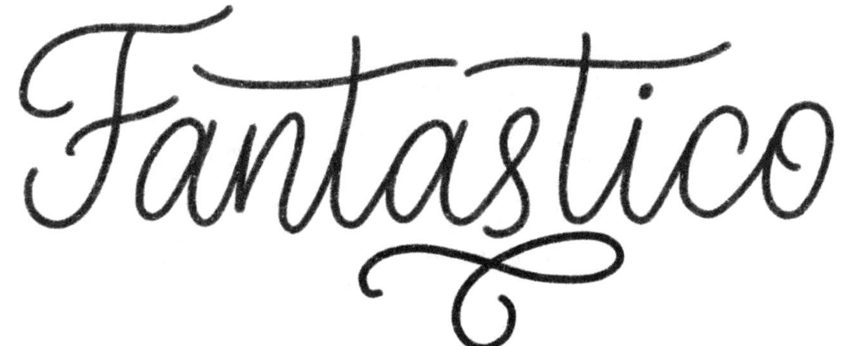

Siamo già a un passo dal mondo delle lettere!

Il prossimo carattere monolinea è particolarmente adatto ai principianti. Ti aiuterà a ottenere una consistenza fluida nei tratti e a costruire la tua memoria muscolare.

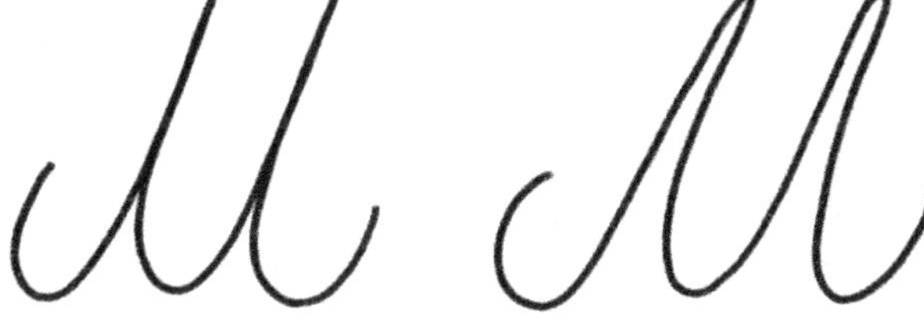

Aggiungi uno spazio all'interno della lettera.

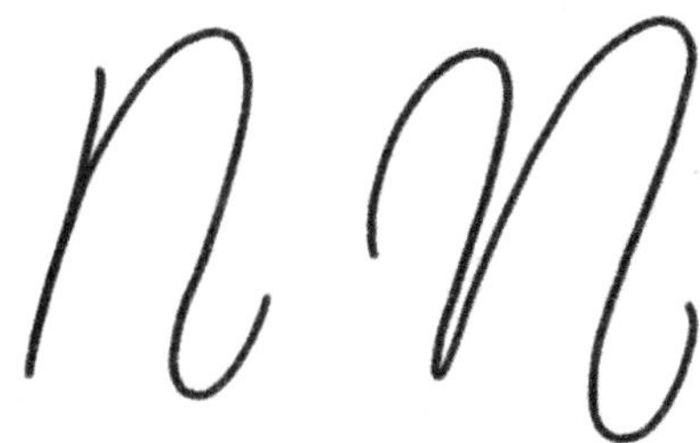

Non tornare sulla stessa linea, fai un rientro.

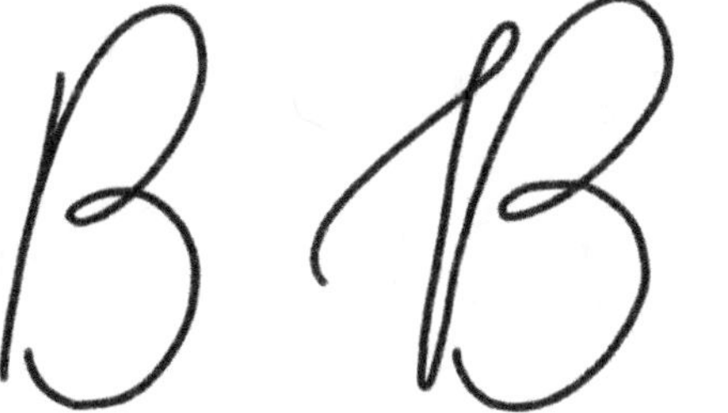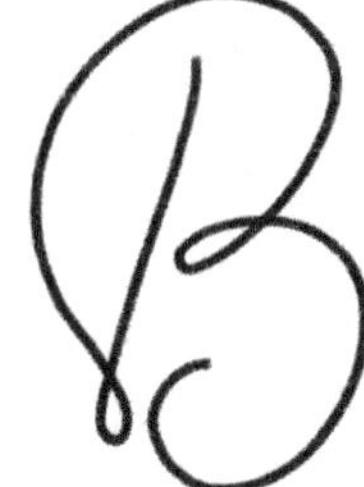

ALFABETO MONOLINEA BASE

Inizia a fare pratica seguendo la direzione dei tratti.

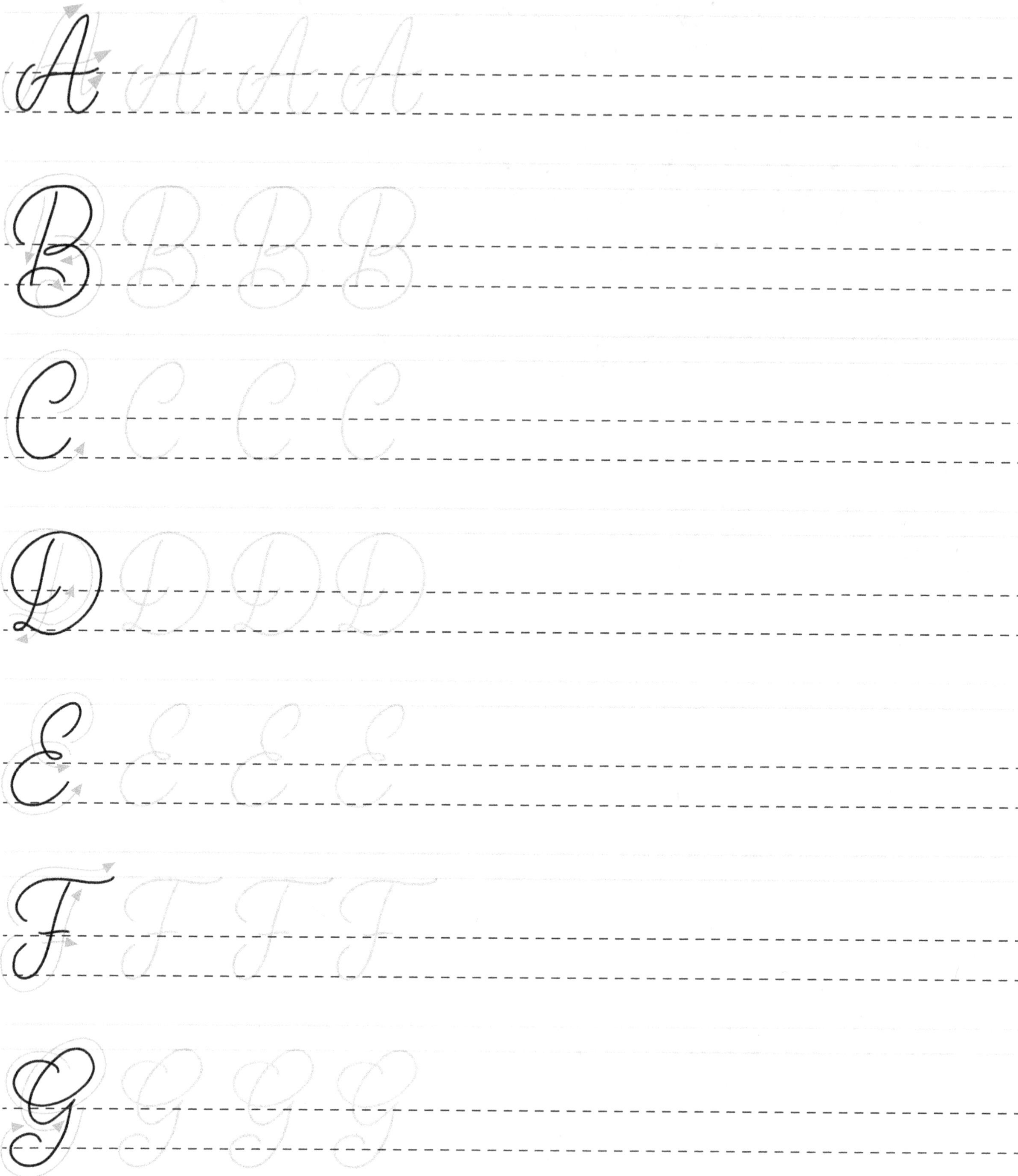

Usa gli spazi vuoti per esercitarti in modo indipendente.

ALFABETO MONOLINEA BASE

Inizia a fare pratica seguendo la direzione dei tratti.

Usa gli spazi vuoti per esercitarti in modo indipendente.

ALFABETO MONOLINEA BASE

Inizia a fare pratica seguendo la direzione dei tratti.

Usa gli spazi vuoti per esercitarti in modo indipendente.

ALFABETO MONOLINEA BASE

Inizia a fare pratica seguendo la direzione dei tratti.

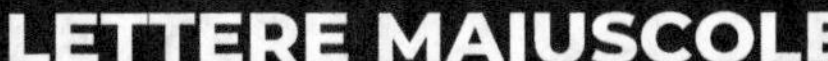

Usa gli spazi vuoti per esercitarti in modo indipendente.

ALFABETO MONOLINEA BASE

Inizia a fare pratica seguendo la direzione dei tratti.

a a a a

b b b b

c c c c

d d d d

e e e e

f f f f

g g g g

Usa gli spazi vuoti per esercitarti in modo indipendente.

ALFABETO MONOLINEA BASE

Inizia a fare pratica seguendo la direzione dei tratti.

h h h h h

i i i i i

j j j j j

k k k k k

l l l l l

m m m m m

n n n n n

Usa gli spazi vuoti per esercitarti in modo indipendente.

ALFABETO MONOLINEA BASE

Inizia a fare pratica seguendo la direzione dei tratti.

Usa gli spazi vuoti per esercitarti in modo indipendente.

ALFABETO MONOLINEA BASE

Inizia a fare pratica seguendo la direzione dei tratti.

Usa gli spazi vuoti per esercitarti in modo indipendente.

Calligrafia CON BRUSH PEN

Ora andremo ad imparare l'utilizzo di strumenti calligrafici che possono essere adoperati per scrivere linee di diverso spessore. Per fare ciò, usa una brush pen o un pennarello con una punta a forma di cono.

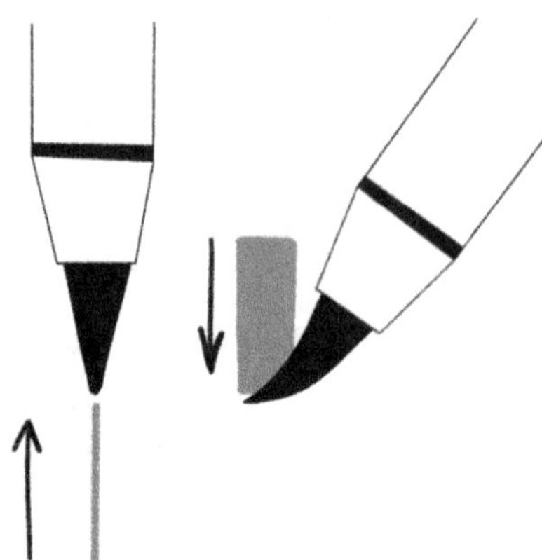

Con questi strumenti, è importante considerare il modo in cui scrivi gli elementi delle lettere e l'ordine in cui li scrivi. La regola di base della calligrafia è che i tratti in discesa devono essere più spessi, mentre i tratti in salita sono più sottili. È così che un pennino viene utilizzato in calligrafia , perché è impossibile scrivere una linea spessa in salita con un pennino!

Iniziamo con i tratti in discesa e con il livello di pressione.

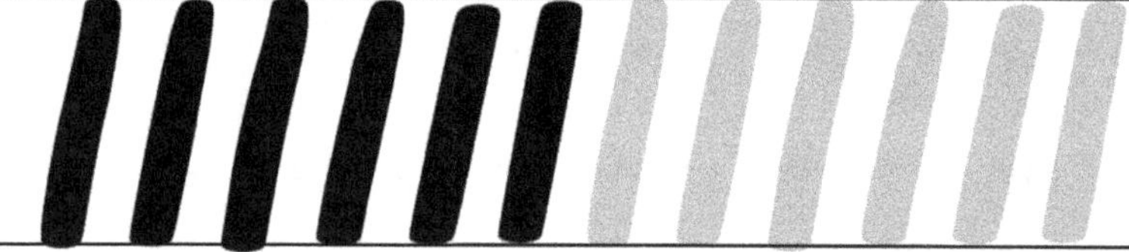

Non premere verso sul pennarello dall'alto verso il basso in quanto ciò distorcerà la punta facendogli perdere la sua forma rapidamente. Per disegnare una linea larga, inclina il pennarello in modo parallelo al tavolo.

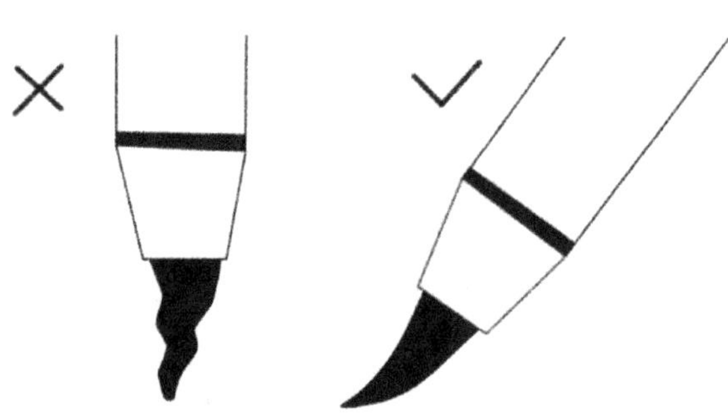

Ora scrivi con leggerezza, con la punta del pennarello in salita.

Devi imparare come effettuare una transizione fluida da una linea sottile a una spessa.

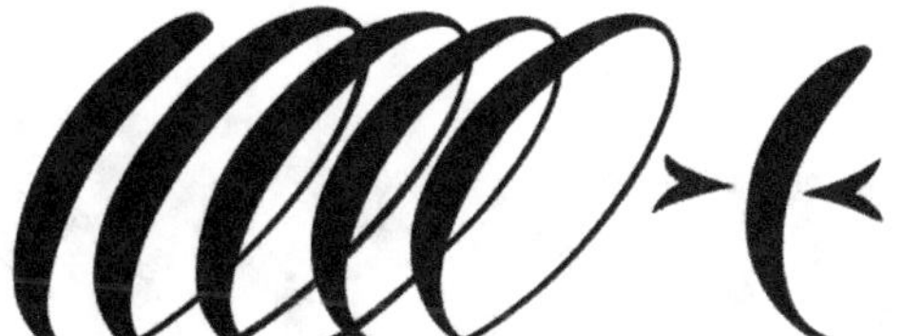

Esercitare delicatamente la pressione mentre muovi la mano verso il basso.
Rilascia delicatamente la pressione verso l'estremità della linea e passa
delicatamente all'elemento successivo senza usare pressione.

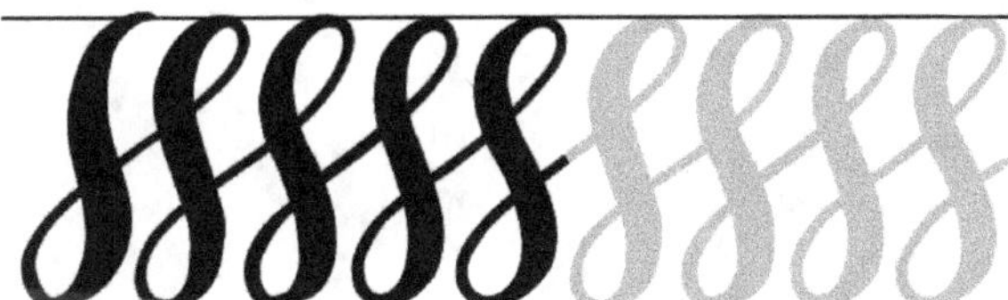

Il più alto livello di pressione.

Se sei un principiante, ti consigliamo di fare molti esercizi per aiutarti a capire il
movimento delle mani e aggiungere un l'arte alle tue lettere in seguito.
I tratti sono un ottimo modo per conferire carattere in una lettera.

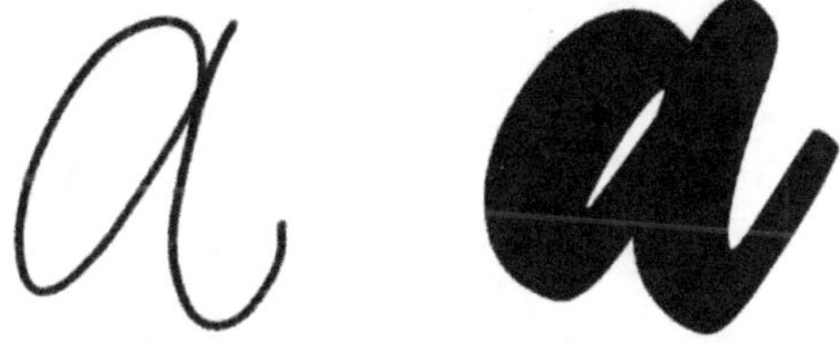

Quando si scrivono lettere con spessori di linea diversi, ricordarsi sempre di lasciare
più spazio per linee più spesse in modo che le linee non si uniscano. La traiettoria
della mano dovrebbe essere volutamente ampia.

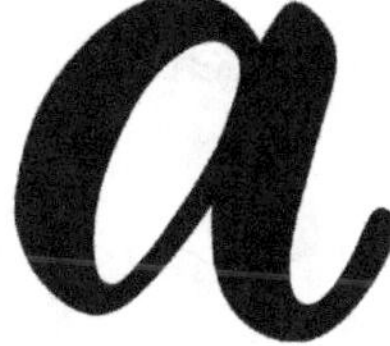

Le linee spesse e sottili non si intersecano.
Le linee orizzontali dovrebbero essere
scritte in tratti sottili.

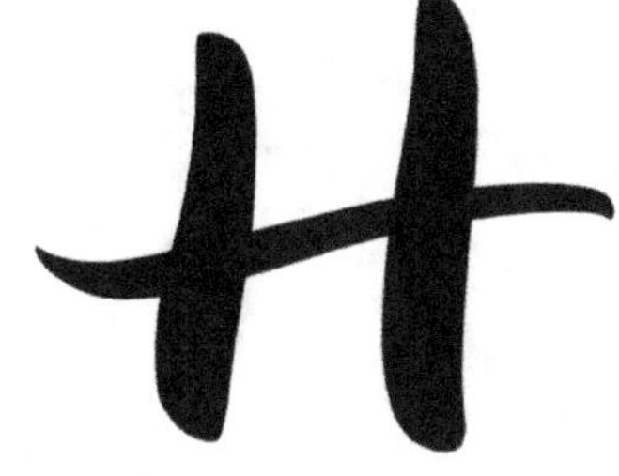

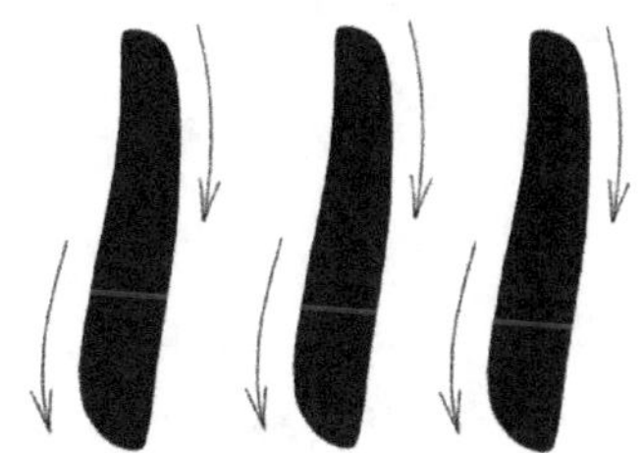

Fai una leggera curva, rende la linea più
elegante.

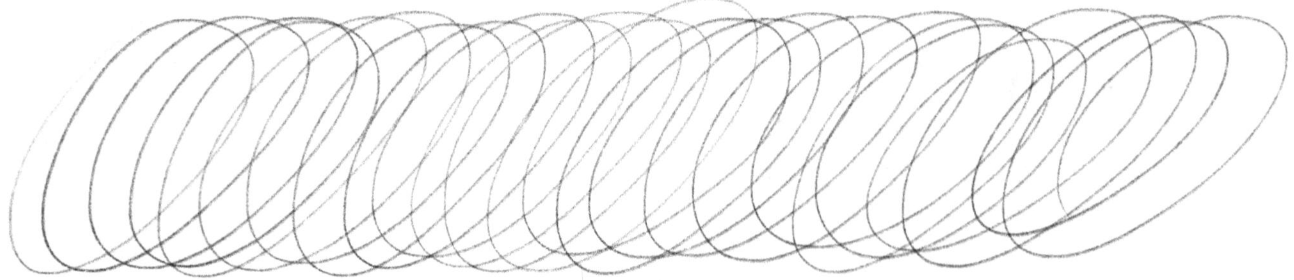

Se senti un'eccessiva tensione nella mano, fai un esercizio di rilassamento del braccio: disegna una spirale con la mano muovendola in modo che si allontani dalla spalla, così che il polso non si muova.

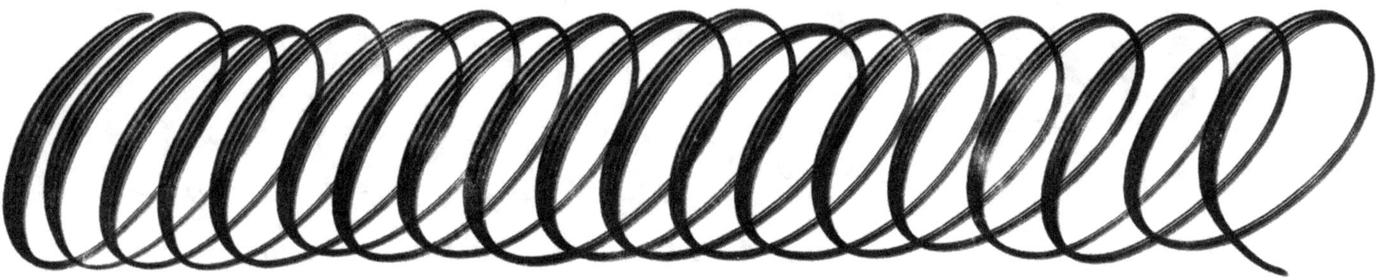

Prova a scrivere muovendo la spalla più spesso, in questo modo le tue linee saranno più distanziate.

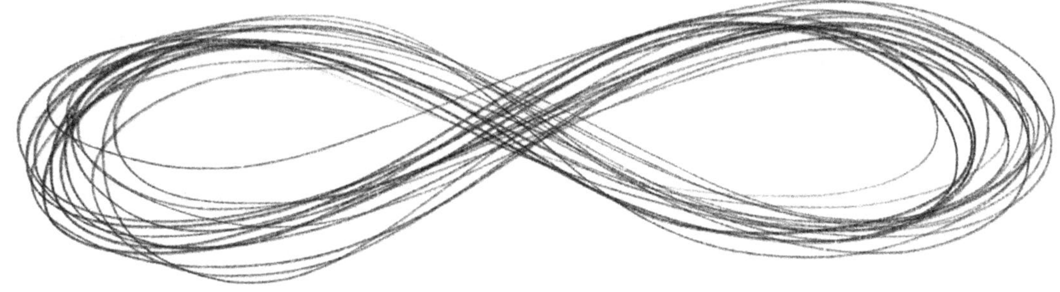

Prova scale diverse per praticare la calligrafia.

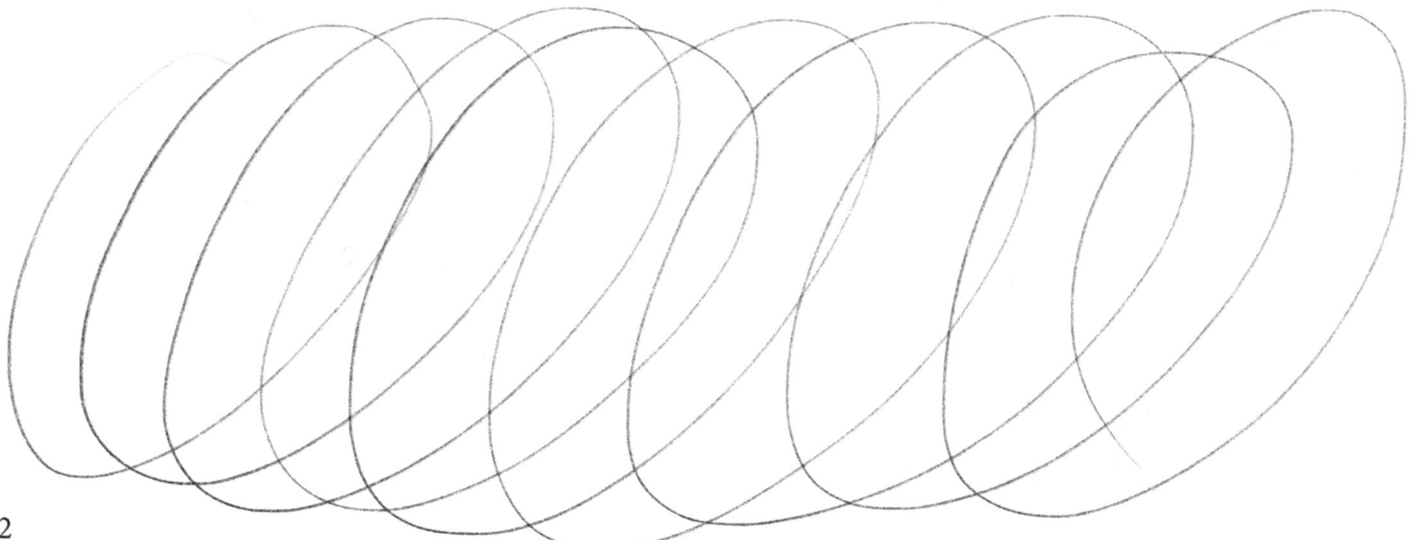

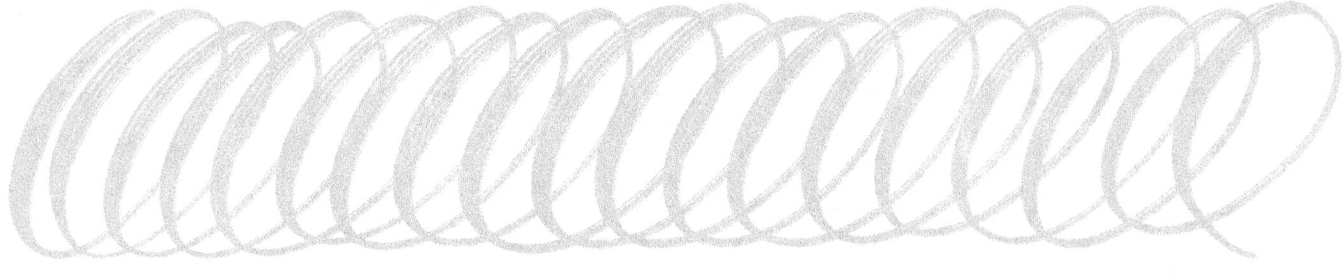

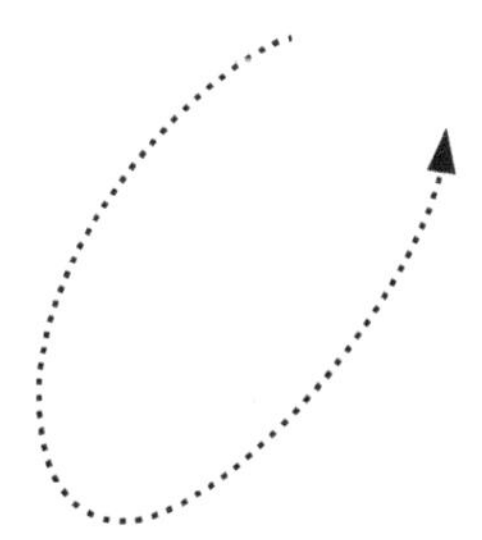

ALFABETO BASE CON BRUSH PEN

Esercitati a scrivere le parole: segui le linee guida e usa lo spazio vuoto per fare pratica

A A A A

B B B B

C C C C

D D D D

E E E E

F F F F

G G G G

ALFABETO BASE CON BRUSH PEN

Esercitati a scrivere le parole: segui le linee guida e usa lo spazio vuoto per fare pratica

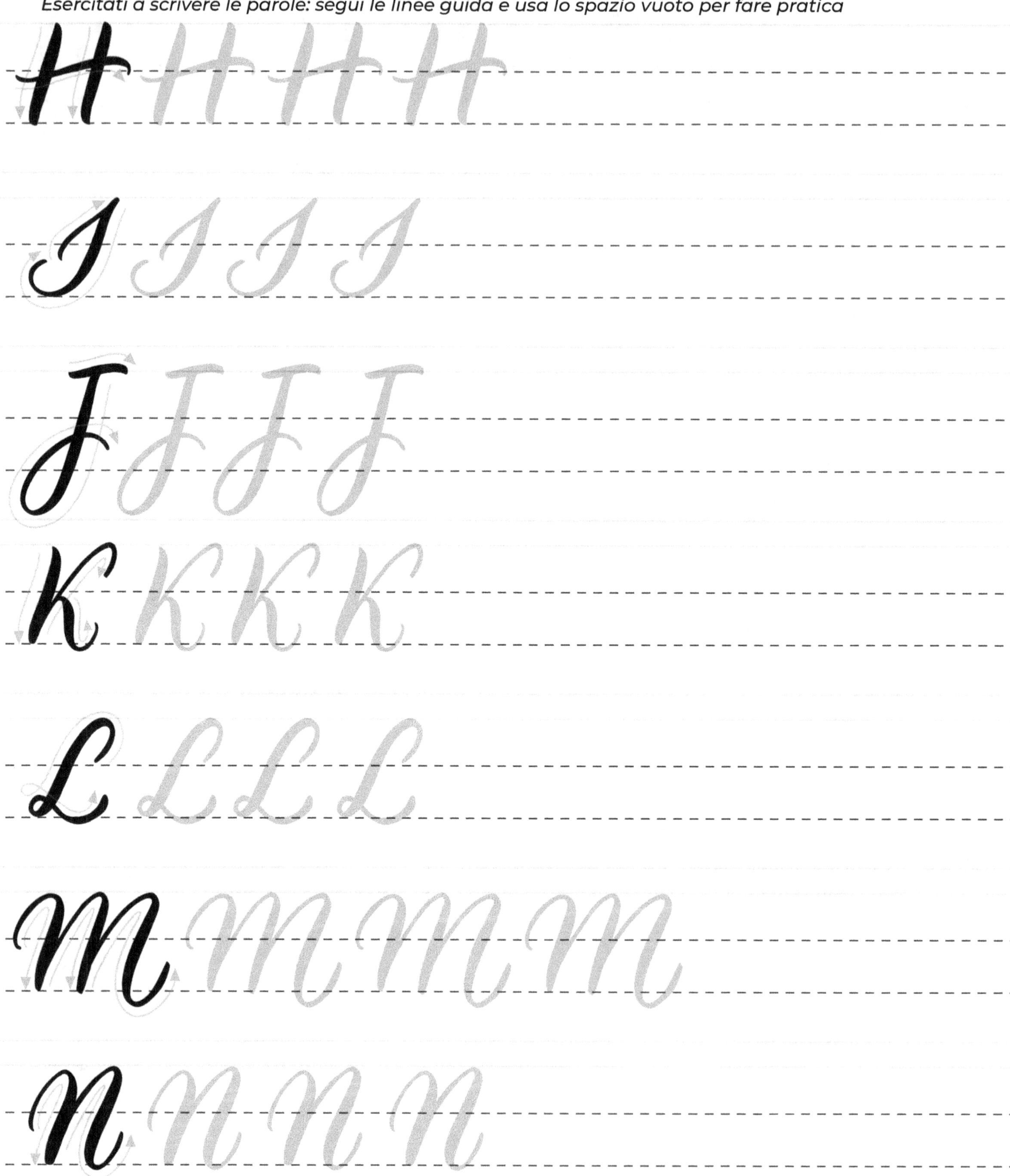

ALFABETO BASE CON BRUSH PEN

Esercitati a scrivere le parole: segui le linee guida e usa lo spazio vuoto per fare pratica

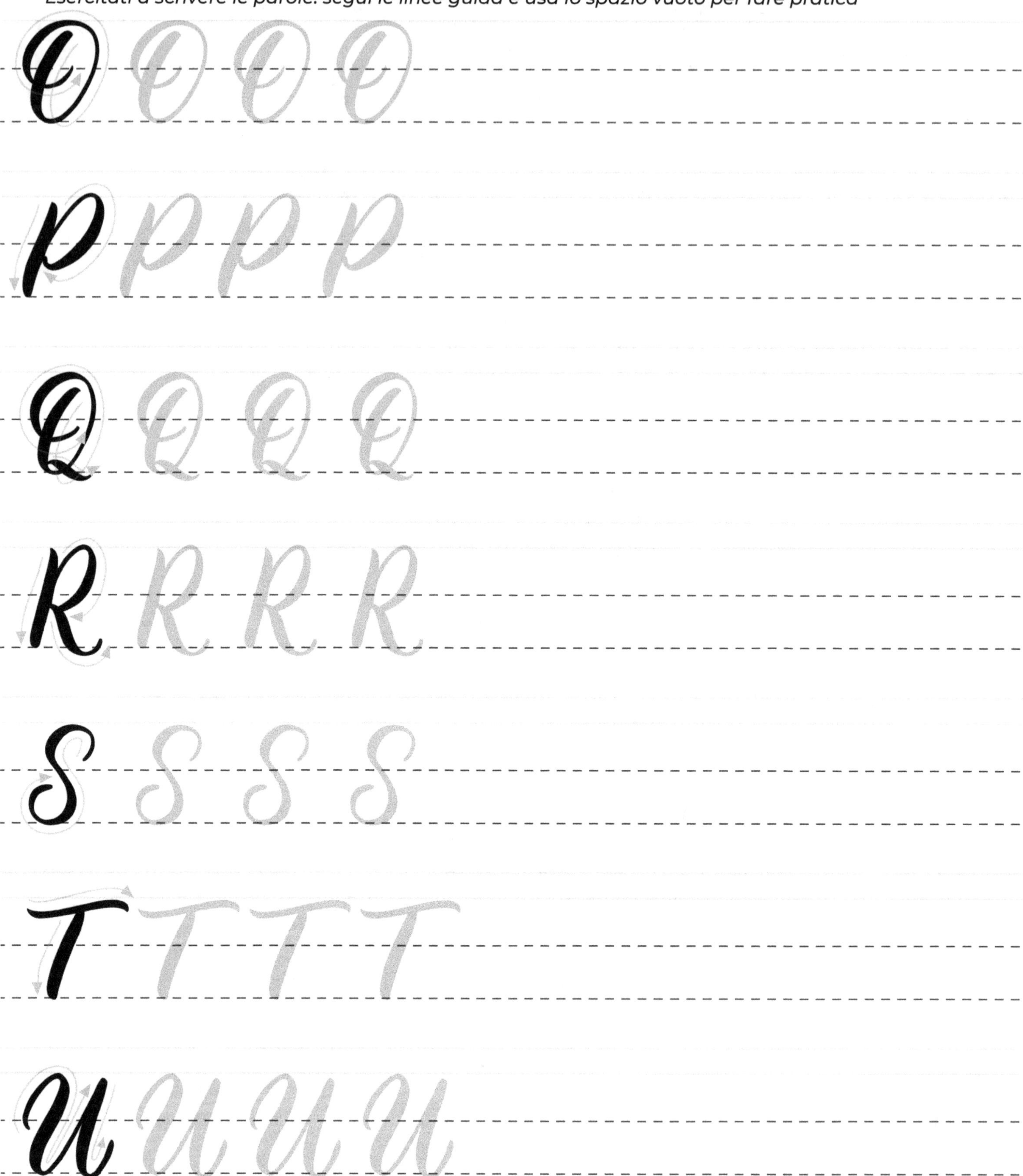

ALFABETO BASE CON BRUSH PEN

Esercitati a scrivere le parole: segui le linee guida e usa lo spazio vuoto per fare pratica

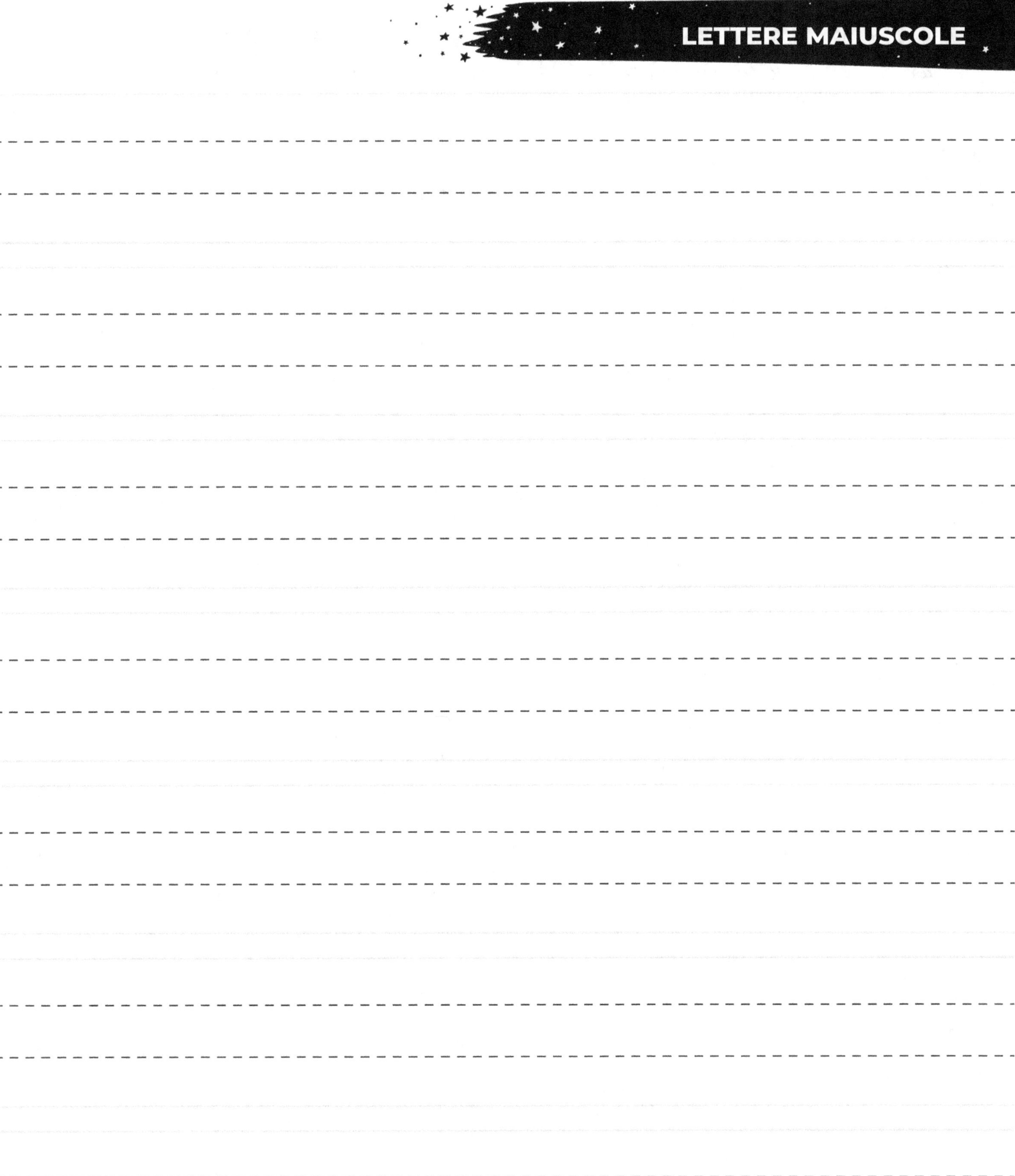

ALFABETO BASE CON BRUSH PEN

Esercitati a scrivere le parole: segui le linee guida e usa lo spazio vuoto per fare pratica

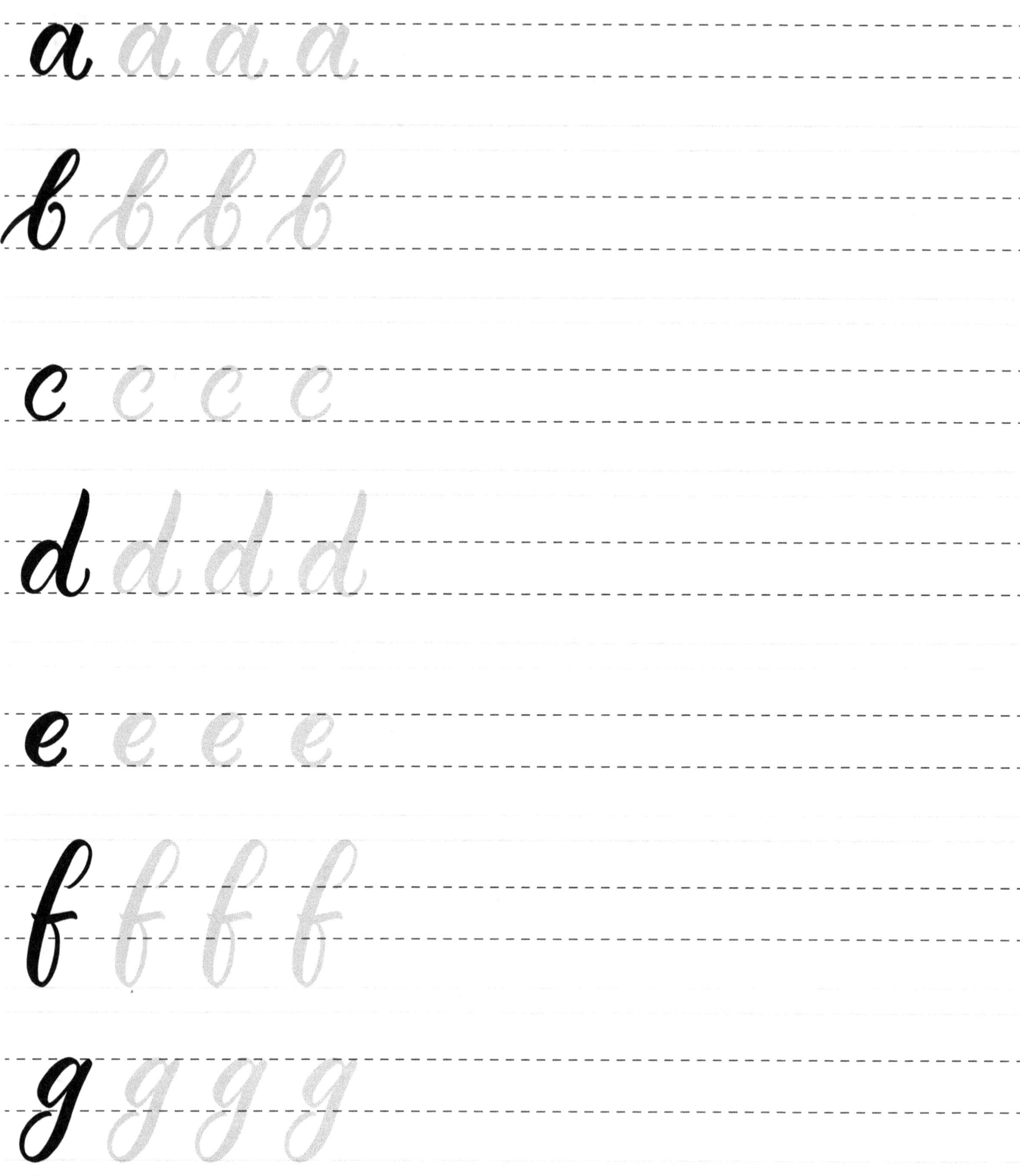

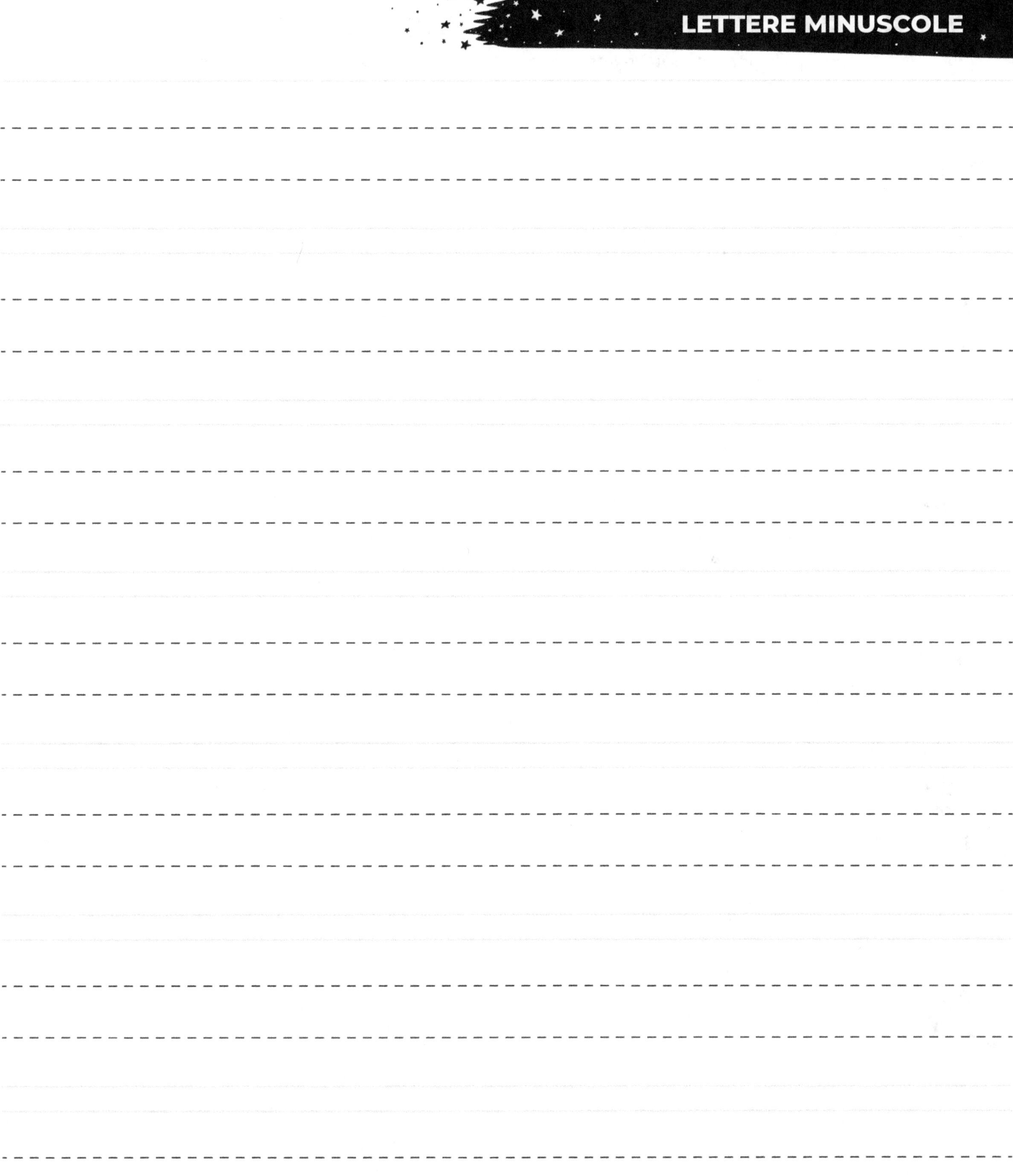

ALFABETO BASE CON BRUSH PEN

Esercitati a scrivere le parole: segui le linee guida e usa lo spazio vuoto per fare pratica

h h h h h

i i i i i

j j j j j

k k k k k

l l l l l

m m m m m

n n n n n

ALFABETO BASE CON BRUSH PEN

Esercitati a scrivere le parole: segui le linee guida e usa lo spazio vuoto per fare pratica

o o o o

p p p p

q q q q

r r r r

s s s s

t t t t

u u u u

ALFABETO BASE CON BRUSH PEN

Esercitati a scrivere le parole: segui le linee guida e usa lo spazio vuoto per fare pratica

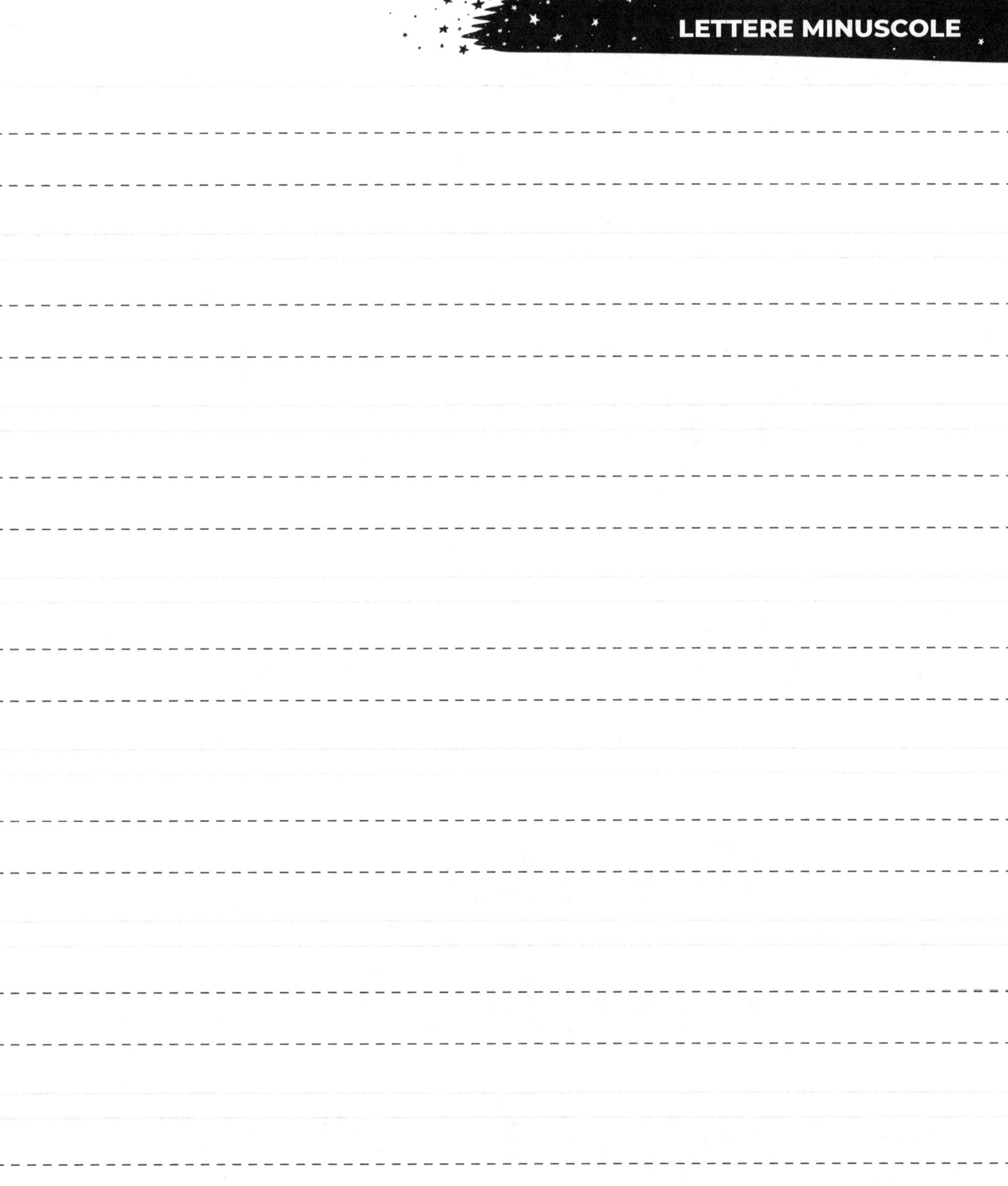

Mettere INSIEME LE LETTERE

Hai già imparato dal capitolo sulle illusioni ottiche che le lettere richiedono più creatività che abilità tecniche. Se si mettono le lettere alla stessa distanza usando un righello, visivamente non sarà armonioso perché la spaziatura tra le lettere non sarà uguale in volume.
La crenatura consente di compensare le differenze visive nella spaziatura.

La crenatura è l'adattamento della distanza tra una particolare coppia di caratteri.

LT LT

Il tracciamento è l'adattamento della distanza tra tutti i caratteri.

VITA   VITA

Utilizzando la spaziatura delle lettere, è possibile creare diverse modalità e ottenere diversi effetti visivi.

minimo

minimo

minimo

È possibile modificare il peso visivo di una parola in una composizione.

Ma le lettere scritte a mano sono abbastanza varie da consentire di compensare lo spazio vuoto all'interno di una parola con la forma della lettera. È possibile eseguire questa azione utilizzando i tratti o disponendo gli elementi delle lettere come richiede la composizione.

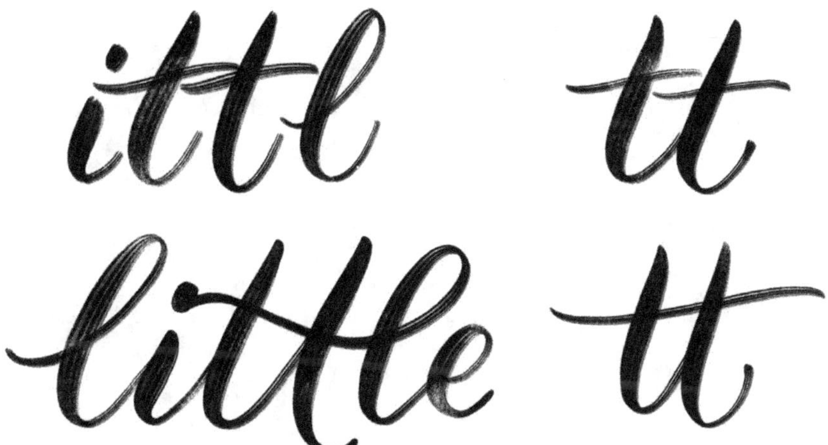

Alcuni elementi, al contrario, possono essere troppo vicini e disturbare la composizione. In questi casi, è comune usare la legatura.

Una legatura è un segno formato attraverso la combinazione di due o più lettere.
Ci sono molti tipi di legature - puoi persino creare le tue.

Basta comporre le lettere e tesserle insieme, ma garantendone la leggibilità.

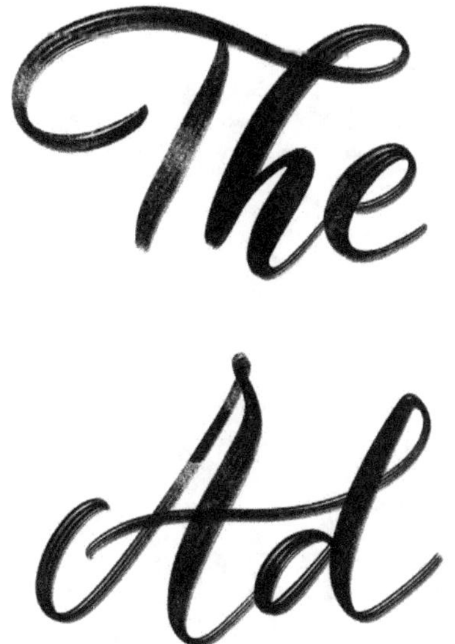

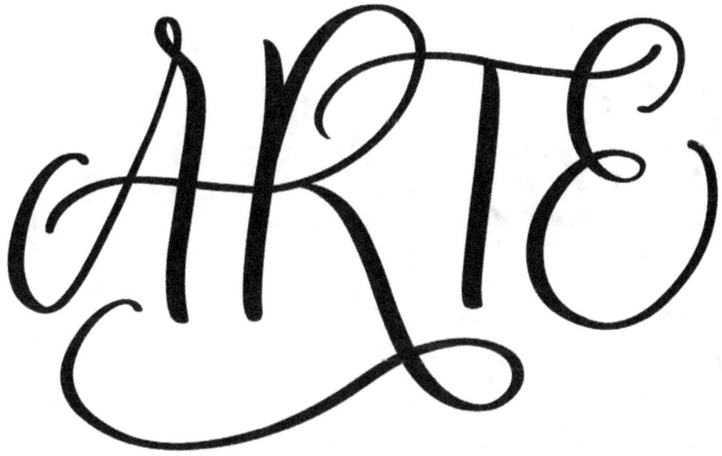

Prova prima con le esercitazioni ogni volta che inizi a scrivere.

PAROLE CON BRUSH PEN

Esercitati a scrivere le parole: segui le linee guida e usa lo spazio vuoto per fare pratica

Amore

Sogno

Crea

Orso

Mela

Dolce

Bere

PAROLE CON BRUSH PEN

Esercitati a scrivere le parole: segui le linee guida e usa lo spazio vuoto per fare pratica

Felice

Grazie

Ragazza

Danza

Vita

Cane

Gioia

PAROLE CON BRUSH PEN

Esercitati a scrivere le parole: segui le linee guida e usa lo spazio vuoto per fare pratica

Ciao

Vero

Inizio

Bello

Luna

Casa

Gatto

Finta **CALLIGRAFIA**

Per questa pratica, la soluzione migliore è una matita o una penna a linea sottile, ma sentiti libero di usare qualsiasi tipo di strumento da scrittura: pennarelli, gessi, penne o pennelli.

Magia

La finta calligrafia è la creazione di lettere calligrafiche con uno strumento non calligrafico. Sai già come disegnare linee con o senza pressione con un pennino.
Il passo successivo è quello di creare l'imitazione della pressione disegnando con spessore.

Questo metodo è ottimo per le composizioni di scritture. Se vuoi scrivere la calligrafia classica, ovviamente sarà meglio usare gli strumenti classici. Ma disegnare la calligrafia è un modo semplice e divertente per passare più tempo a pensare alla composizione dei tratti e al formato delle scritte.

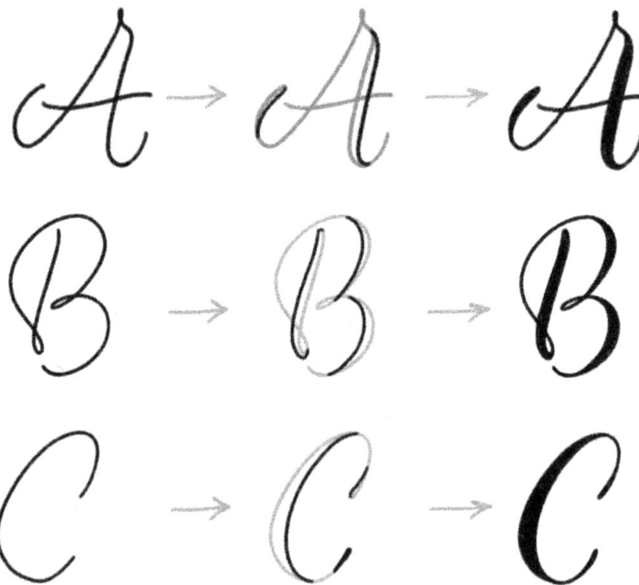

Lo spessore deve essere aggiunto in modo da non disturbare lo spazio all'interno delle lettere. Assicurati di lasciare spazio sufficiente per la sovrapposizione tra le lettere.

Disegna queste sovrapposizioni nei tratti verso il basso. Fai aumentare e diminuire gli spessori delicatamente, senza transizioni brusche.

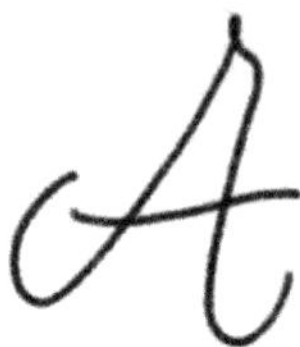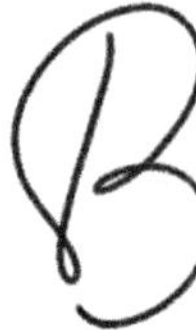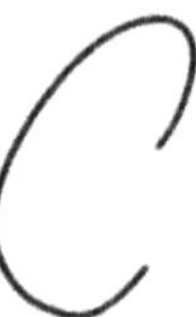

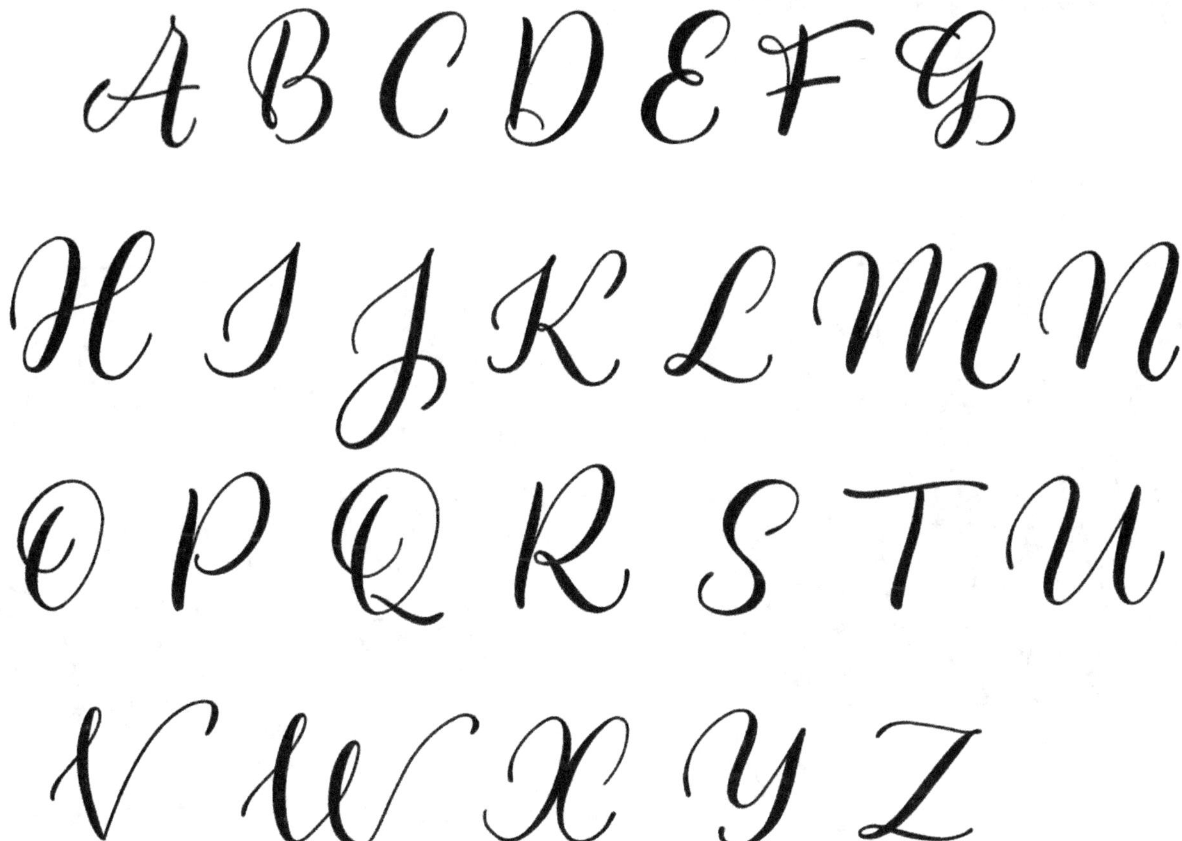

Ridisegna queste lettere

FINTA CALLIGRAFIA

Ridisegna queste scritte

La pratica rende perfetti

Mantieni lo stesso spessore nei tratti di discesa.

Prova a riempire i tratti principali con decorazioni e forme

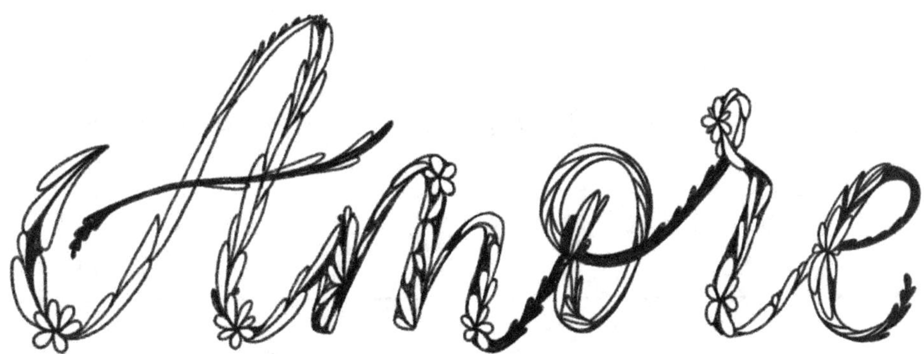

Stili DI LETTERING

Il primo passo per imparare la calligrafia è imparare gli alfabeti.
Tuttavia, in seguito sarai in grado di creare le tue regole per le lettere.
Queste regole includono:

Angolo inclinato ————————————————————————————————

Proporzioni ————————————————————————————————————

Contrasto ——————————————————————————————————————

Stile a tratto o serif ——————————————————————————————

Una volta decisi questi parametri, puoi scrivere il tuo alfabeto.
Quando si tratta di creatività, solo il cielo è il limite!

Quanti modi diversi di scrivere la lettera A ti vengono in mente?

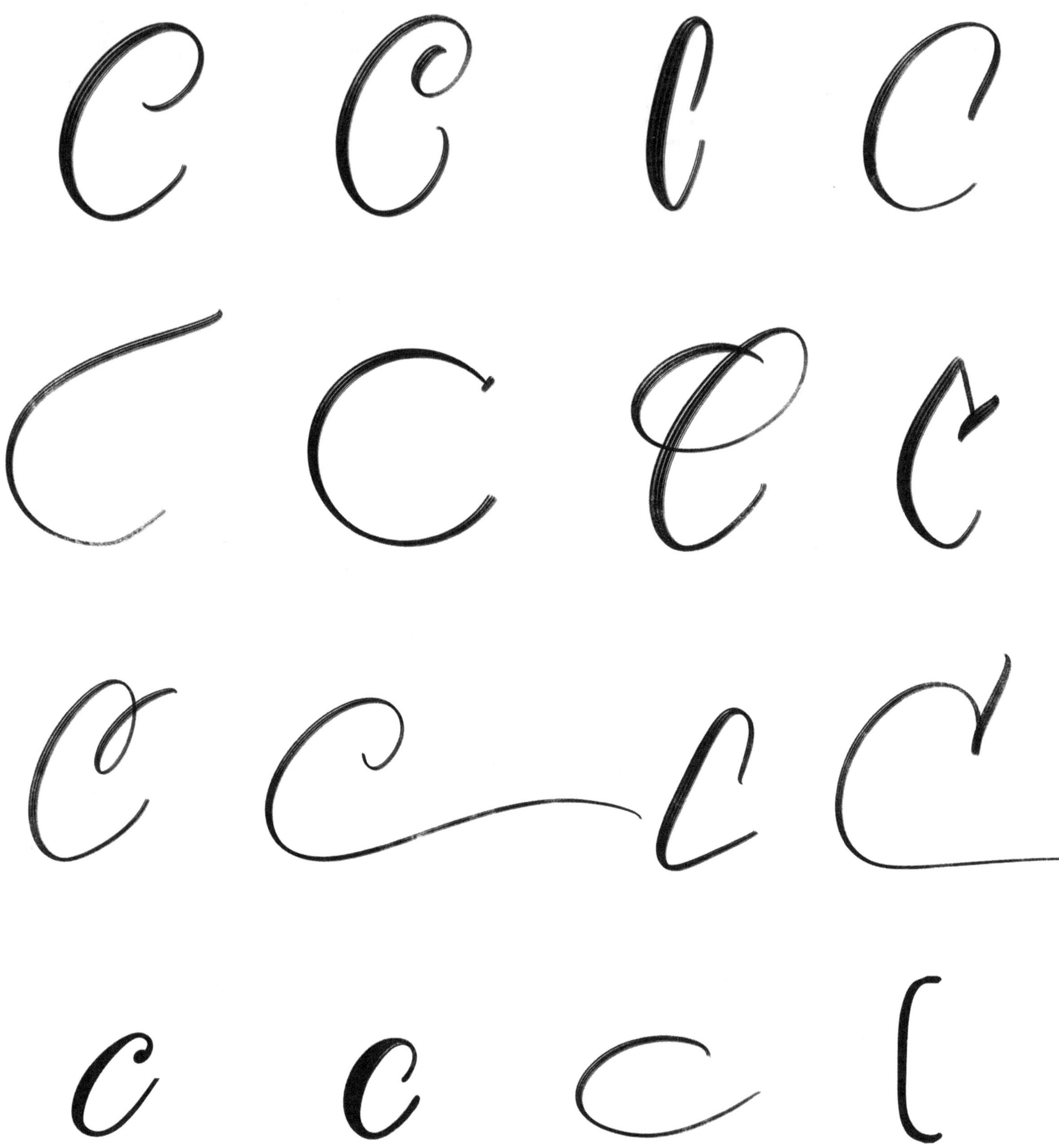

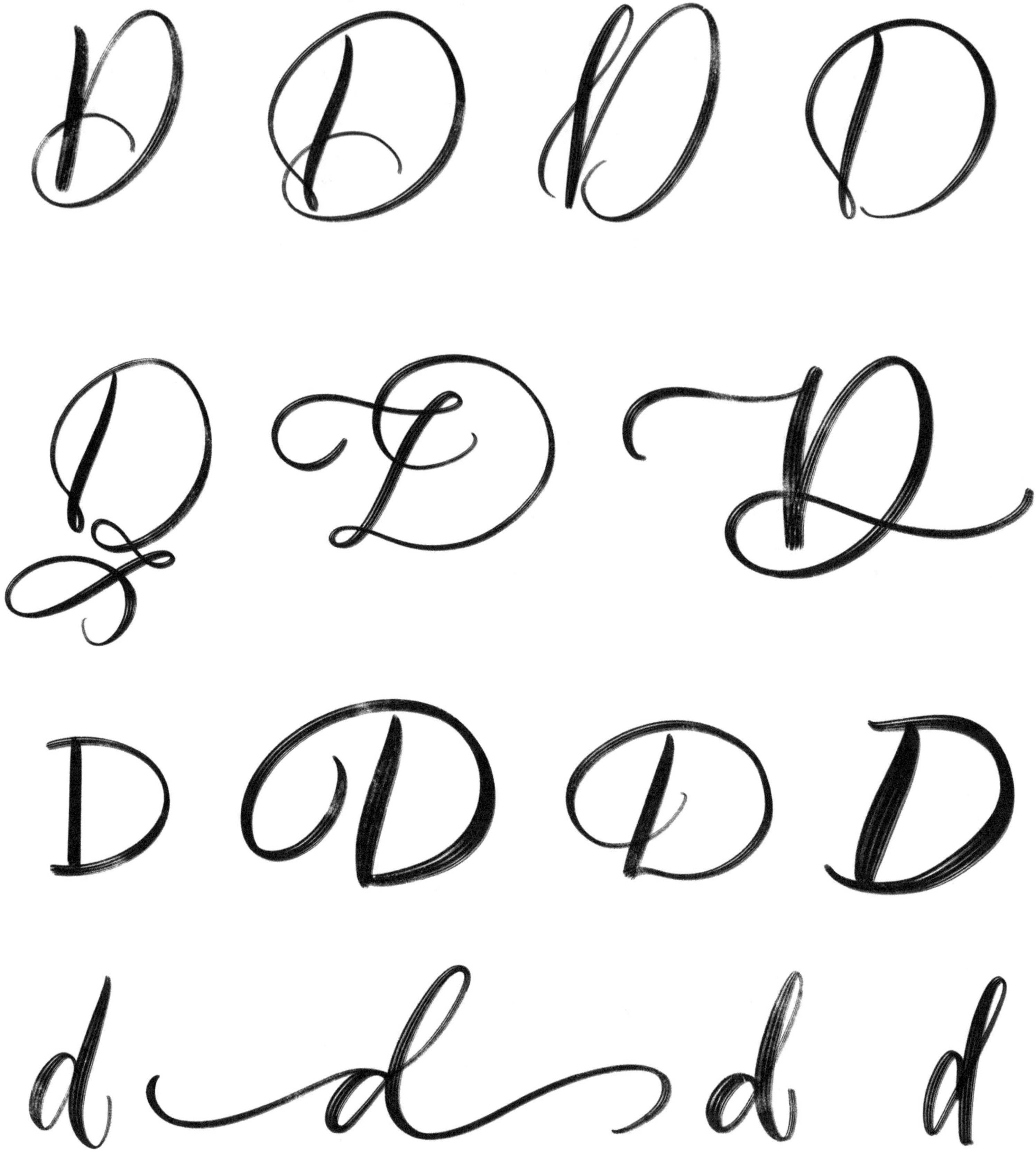

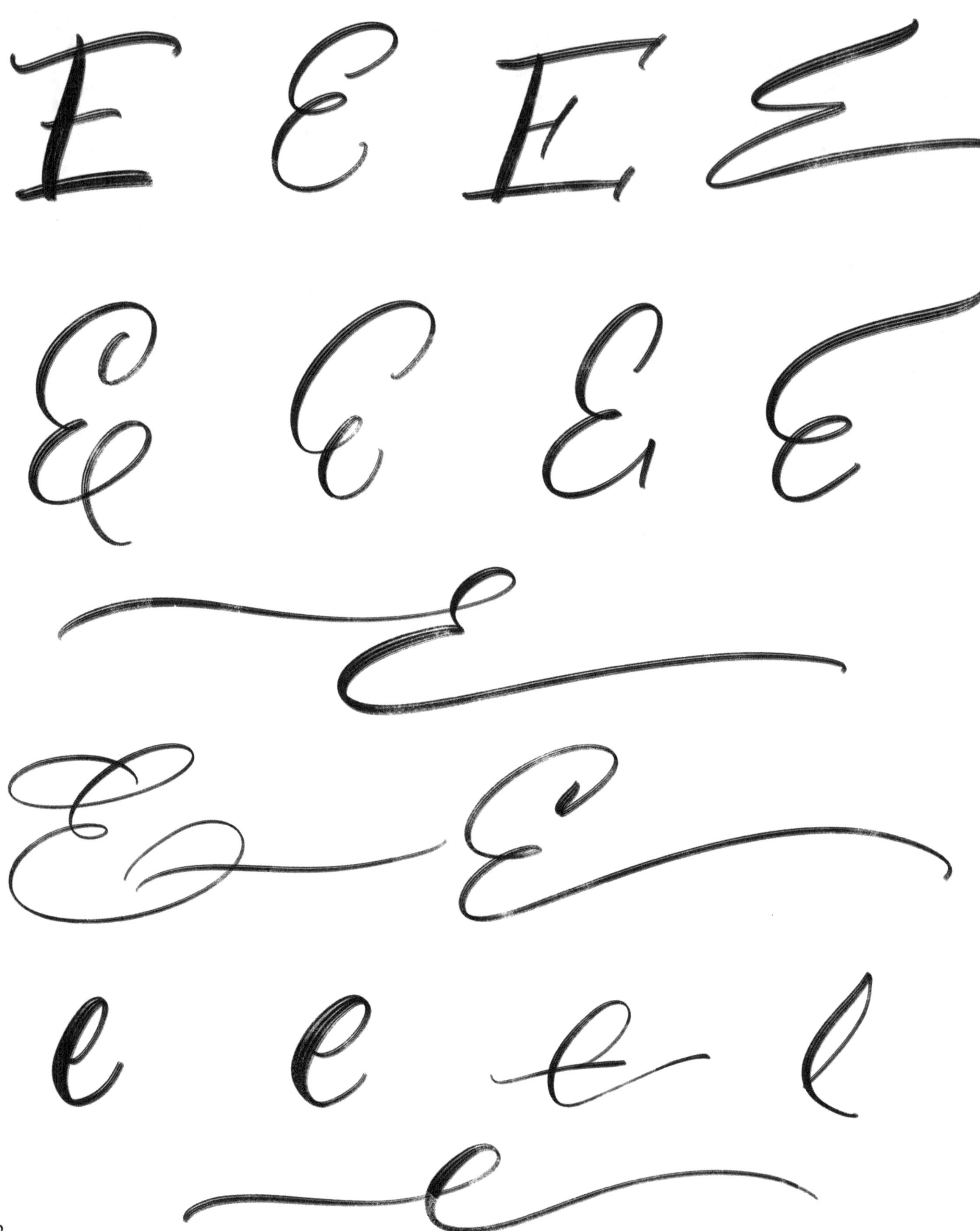

ORA PROVACI TU

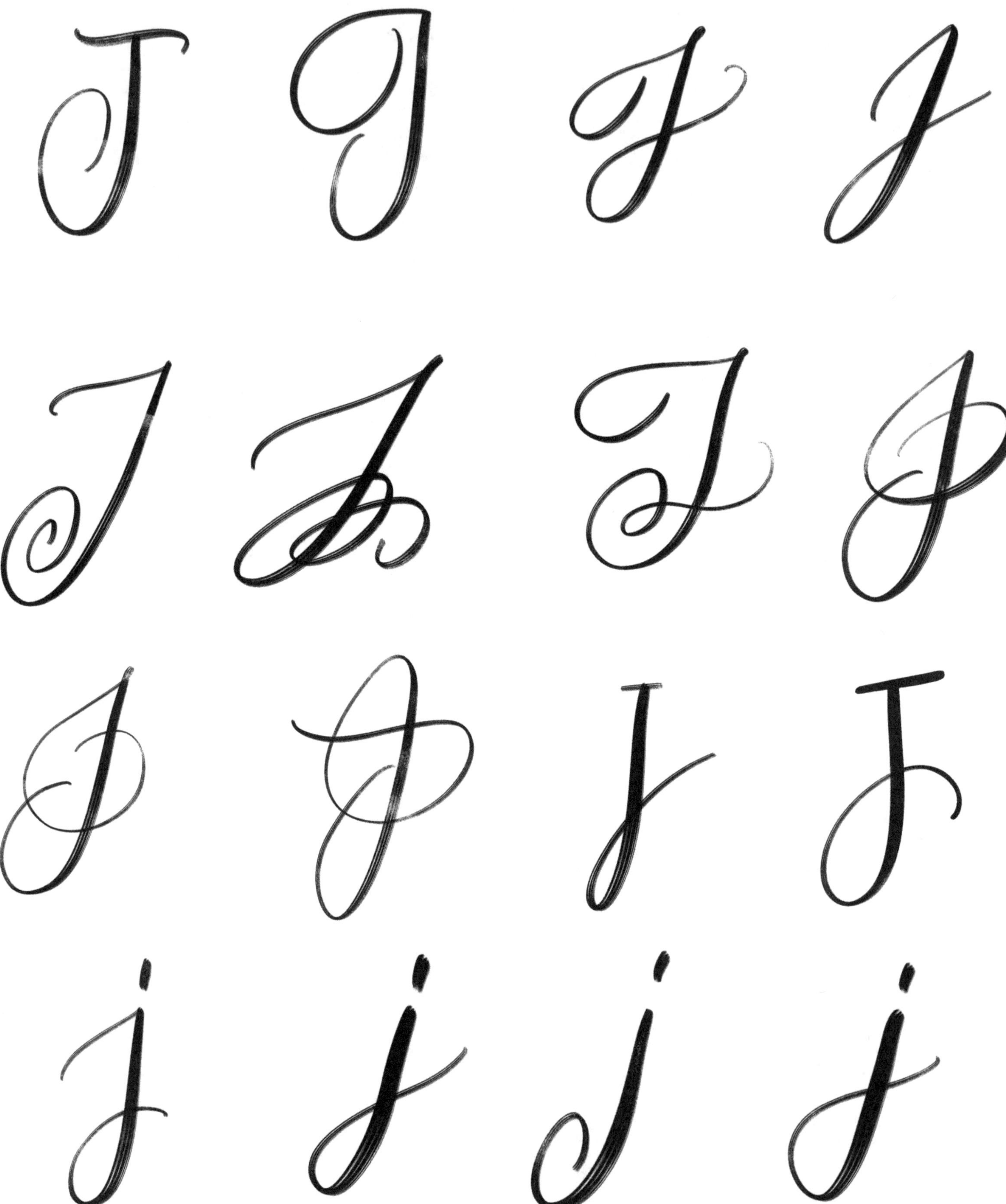

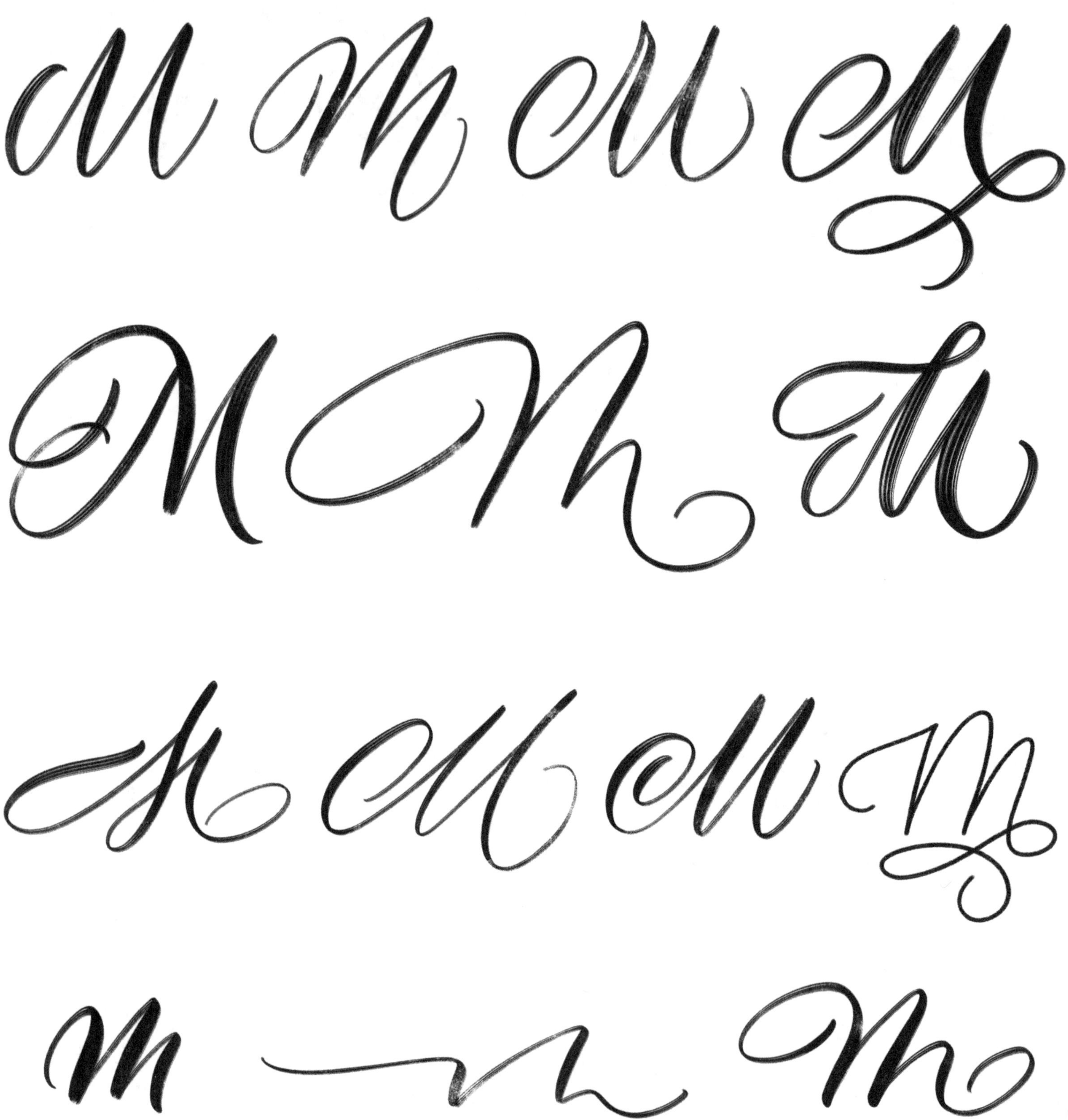

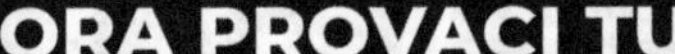

ORA PROVACI TU

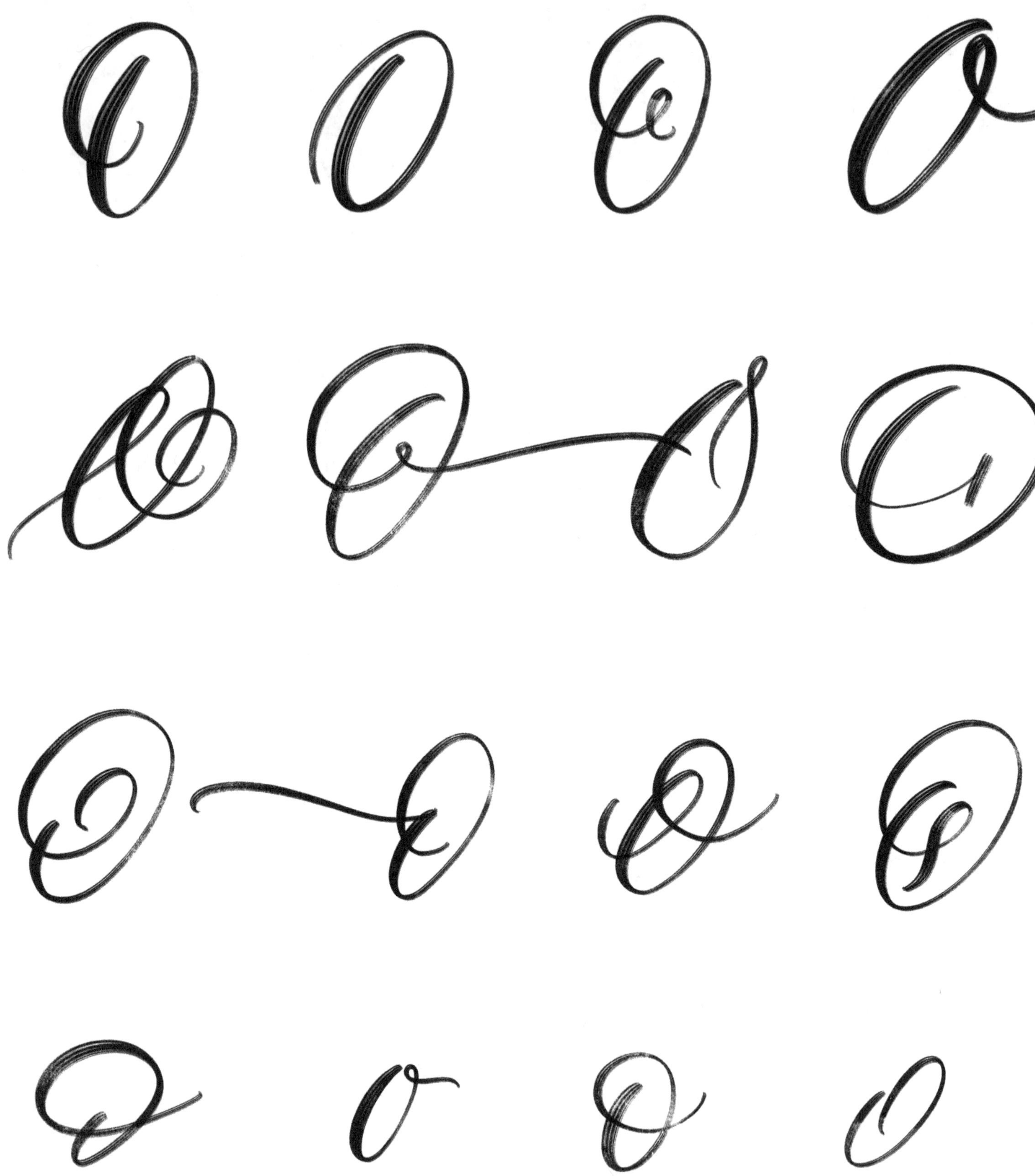

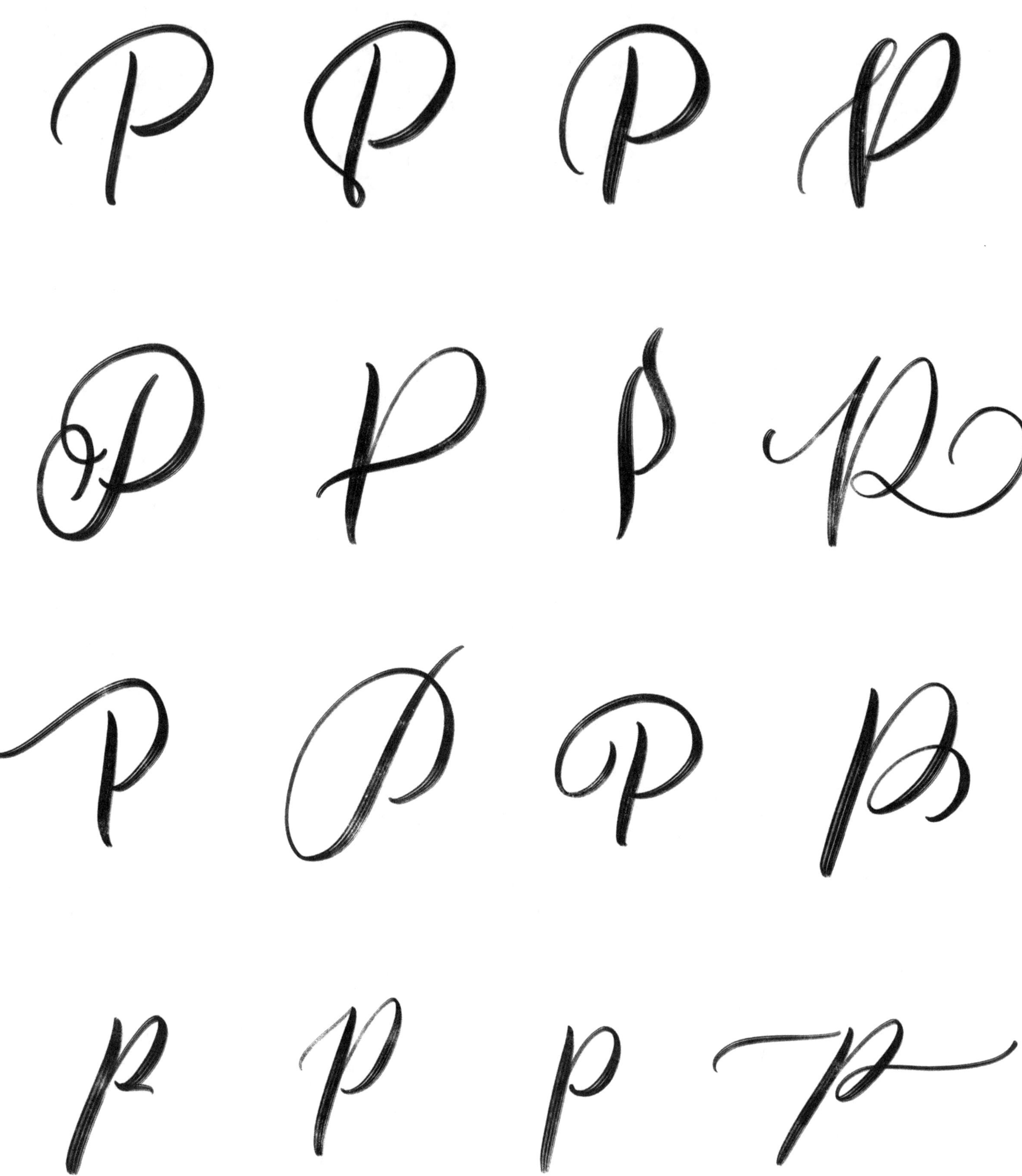

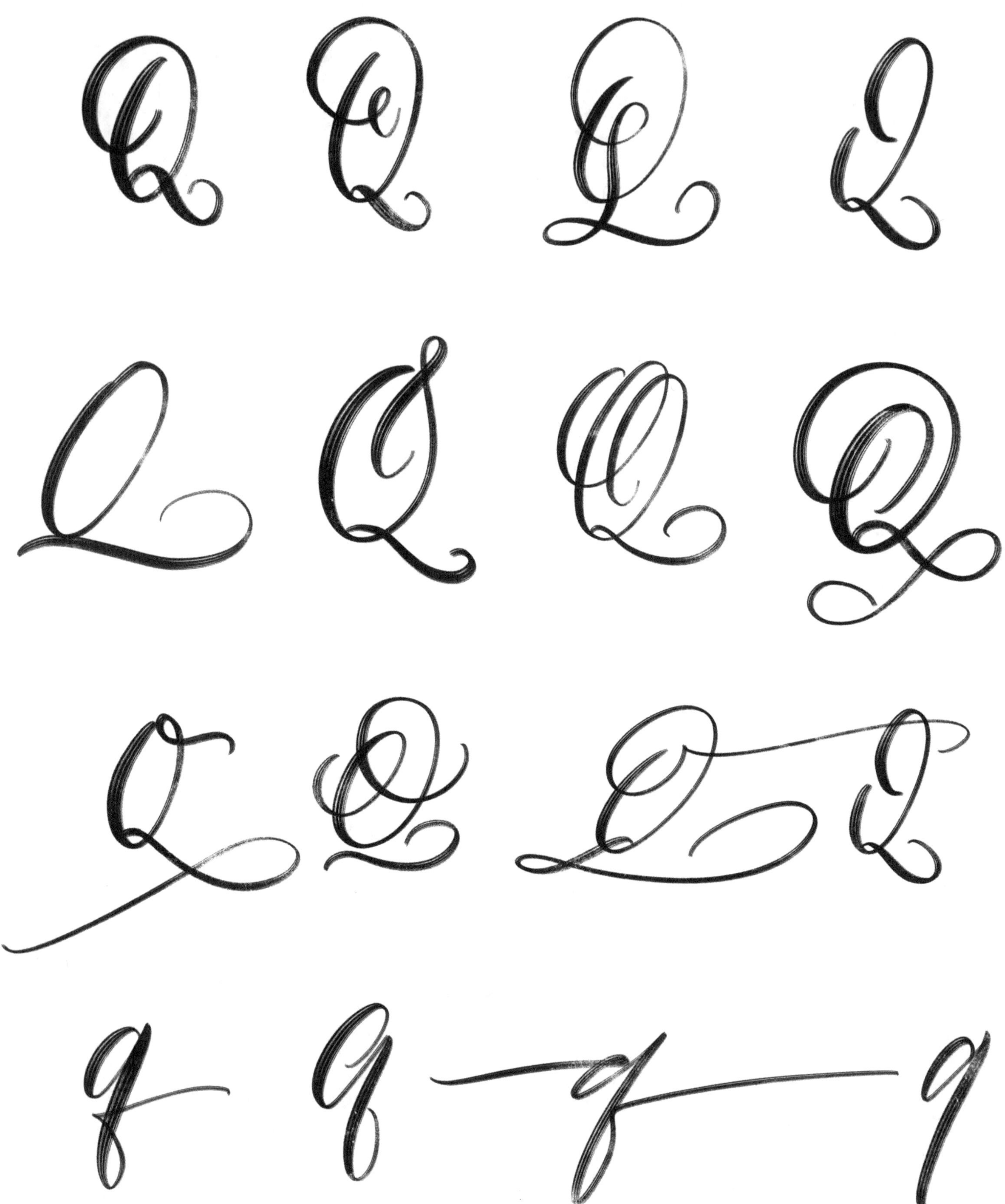

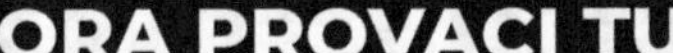

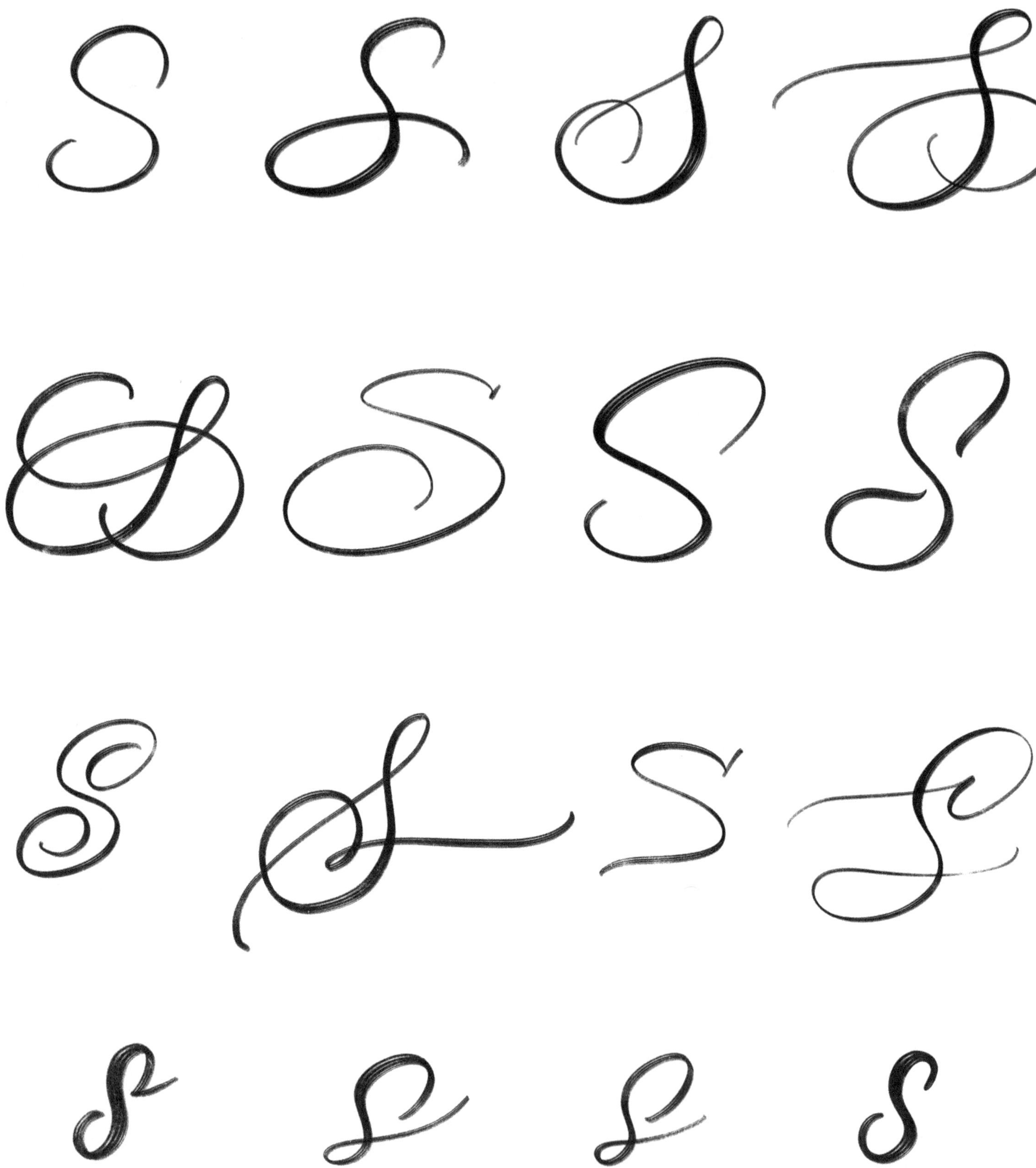

ORA PROVACI TU

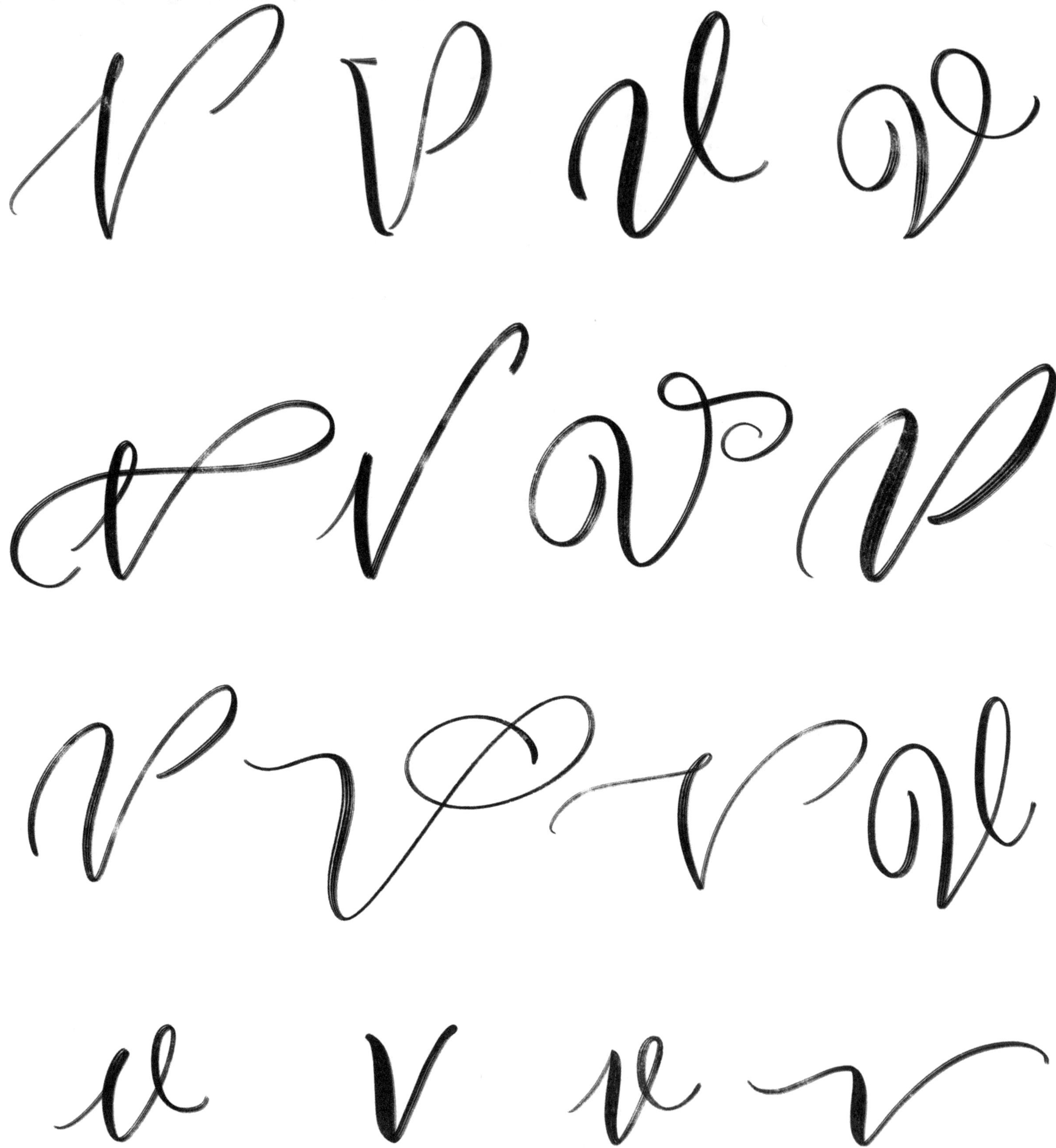

ORA PROVACI TU

ORA PROVACI TU

La composizione
DEL LETTERING

Le lettere vengono unite in parole o frasi per formare una singola unità, all'interno del quale si applicano tutte le stesse regole di composizione, come in qualsiasi altra immagine artistica.

La composizione è armoniosa e bella se gli elementi al suo interno non sono suddivisi in parti e sono collegati con le stesse regole, come l'uso di uno schema a griglia, la simmetria o il ritmo dei singoli elementi.

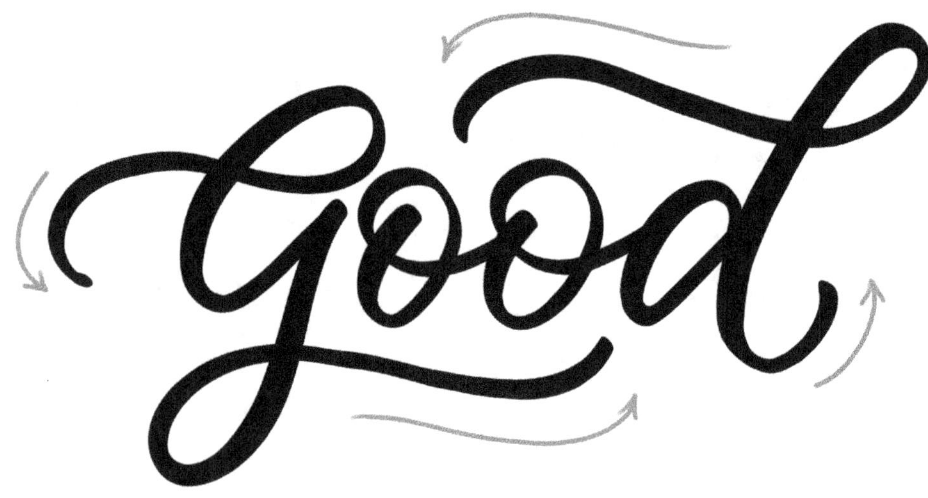

Inizia a pensare alla composizione facendo alcuni semplici schizzi.
Utilizzare questi diagrammi per creare nuove composizioni di lettering.

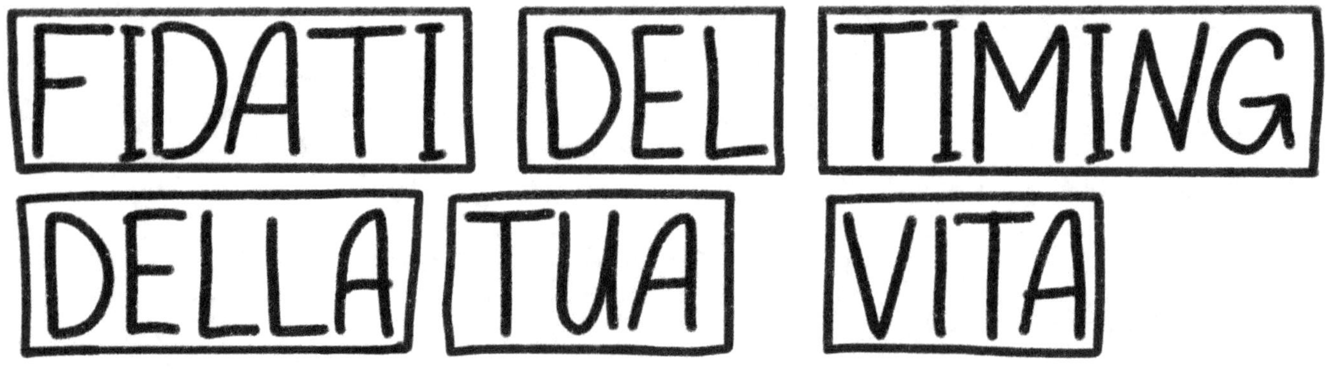

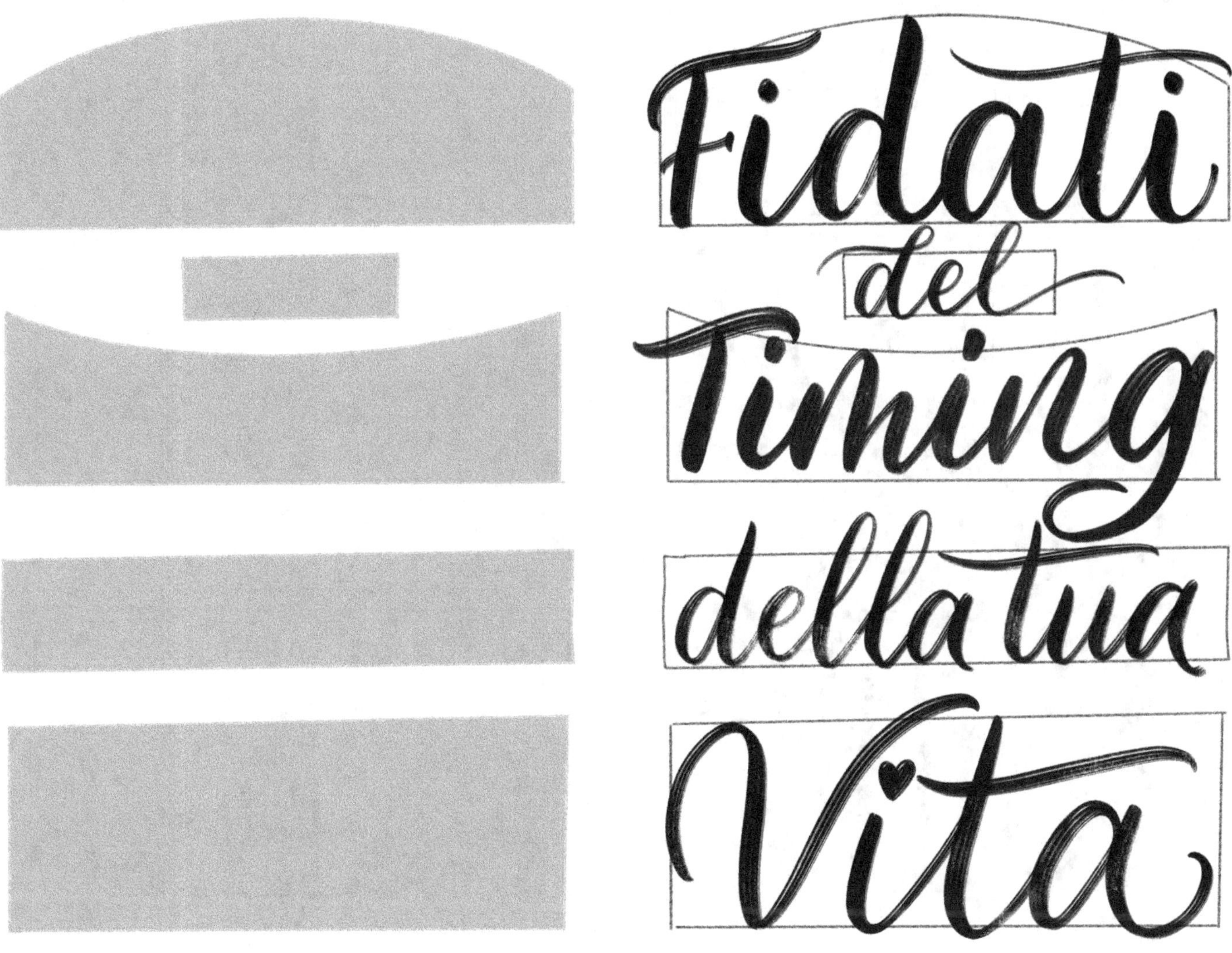

Crea la tua composizione

LA COMPOSIZIONE

FOCALIZZATI SULLE COSE POSITIVE

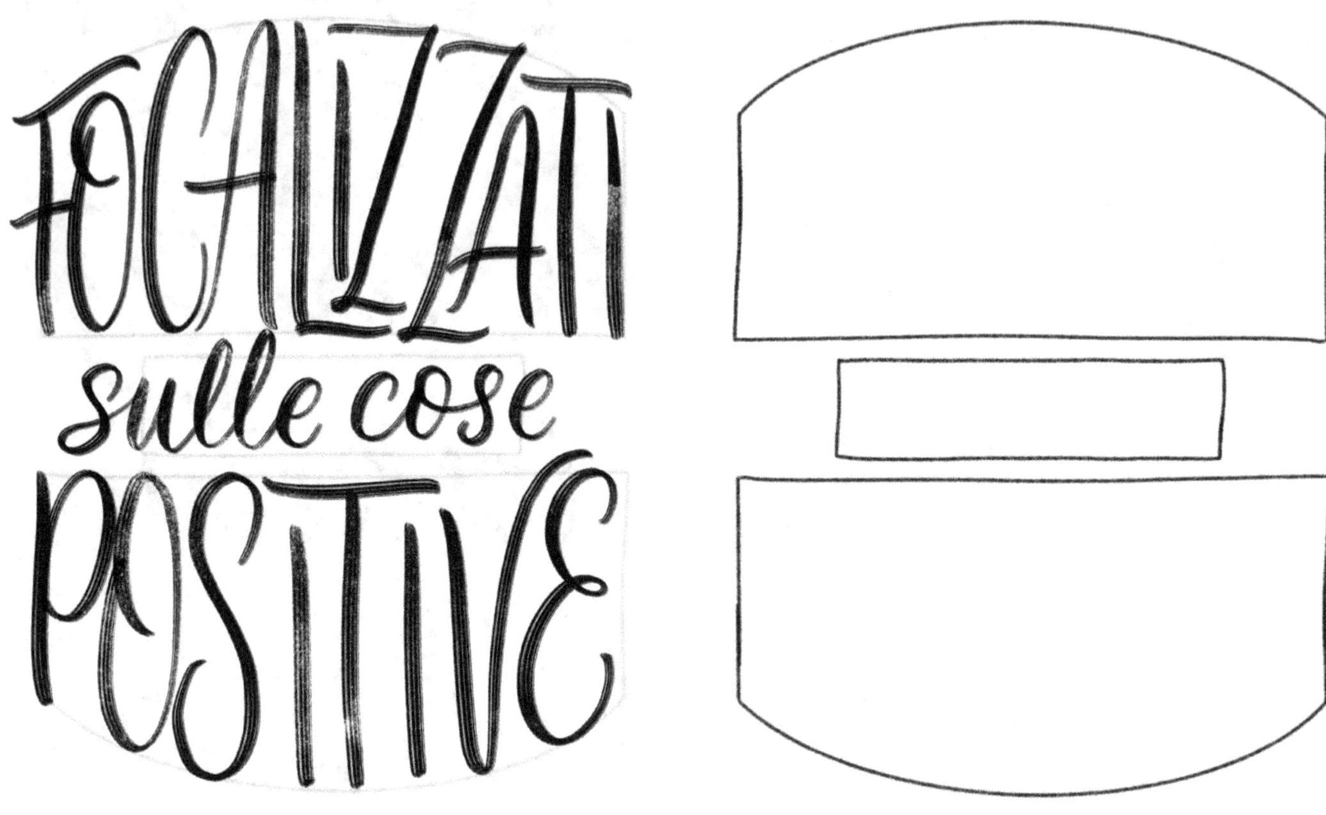

NESSUN RISCHIO, NESSUNA STORIA

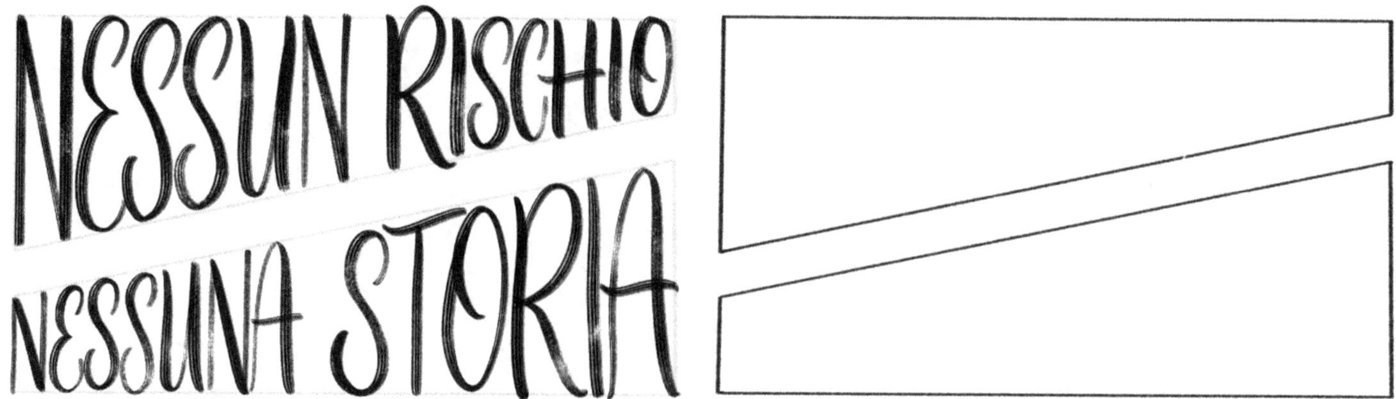

ORA PROVACI TU

Elementi DECORATIVI

Varie immagini possono essere aggiunte a una composizione di parole. Piccole decorazioni o grandi illustrazioni. Tieni d'occhio la gerarchia della composizione: determina cosa è primario e cosa è secondario. Posiziona gli accenti in modo che trasmettano il messaggio al lettore anziché distrarlo.

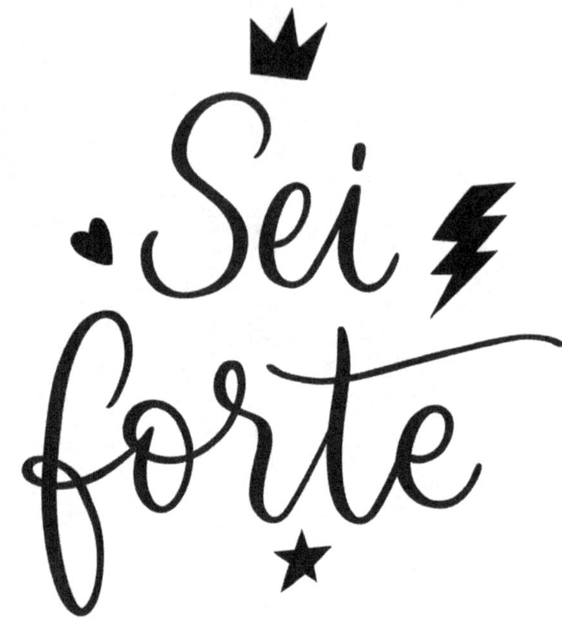

Scrivi le parole in diverse varianti e nota i diversi modi di scrivere le lettere che compongono la composizione. Trova le peculiarità che sorgono quando le lettere vengono messe insieme come nel tuo caso.
È inoltre possibile aggiungere volume, ombreggiatura o trama alle lettere.
Le lettere possono essere così diverse!

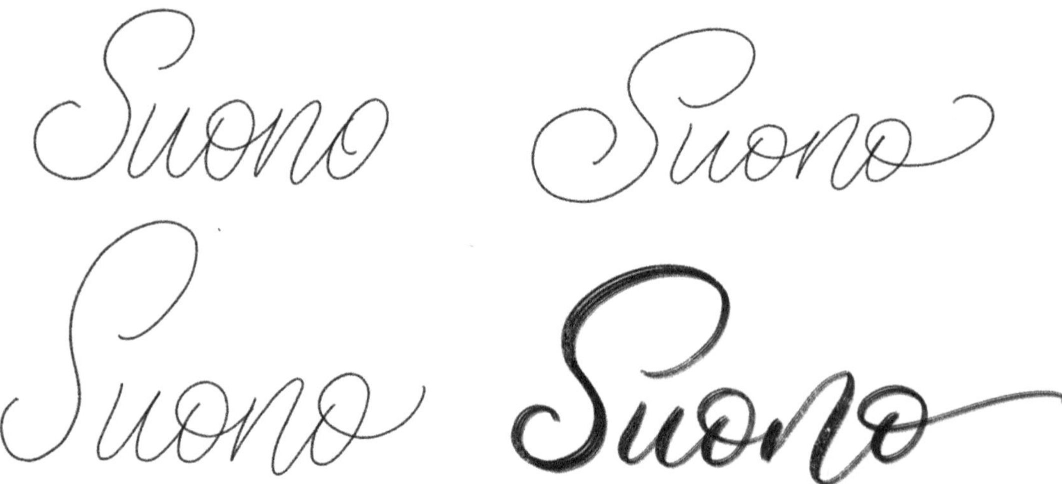

Libertà CREATIVA

Le lettere offrono spazio illimitato alla creatività! Ispirati a nuove idee e crea nuovi stili di scrittura. E non dimenticare di trovare il tempo per la pratica quotidiana!

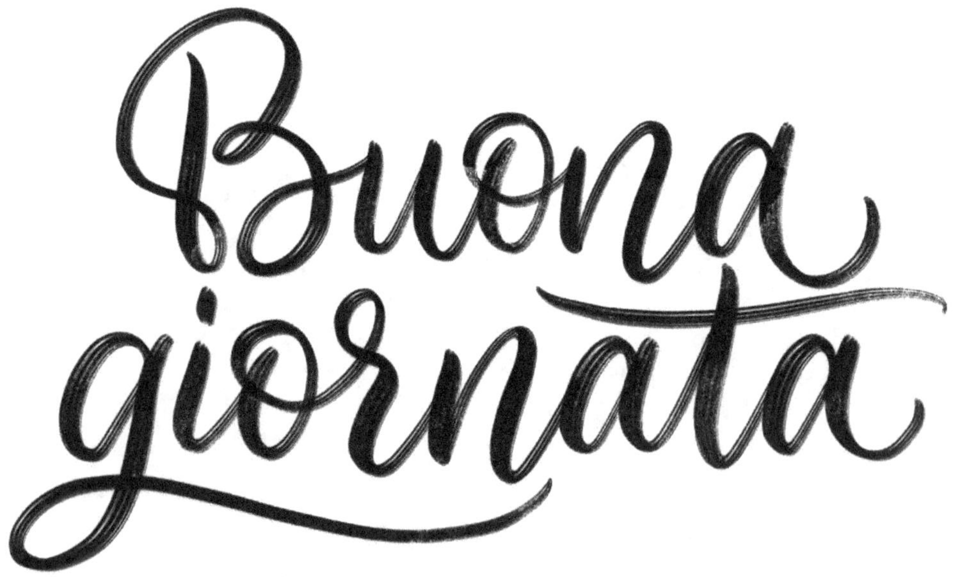

Usa bellissime scritte nella tua vita - biglietti con firma, regali o note per i tuoi cari - e rendi questo mondo un posto migliore!

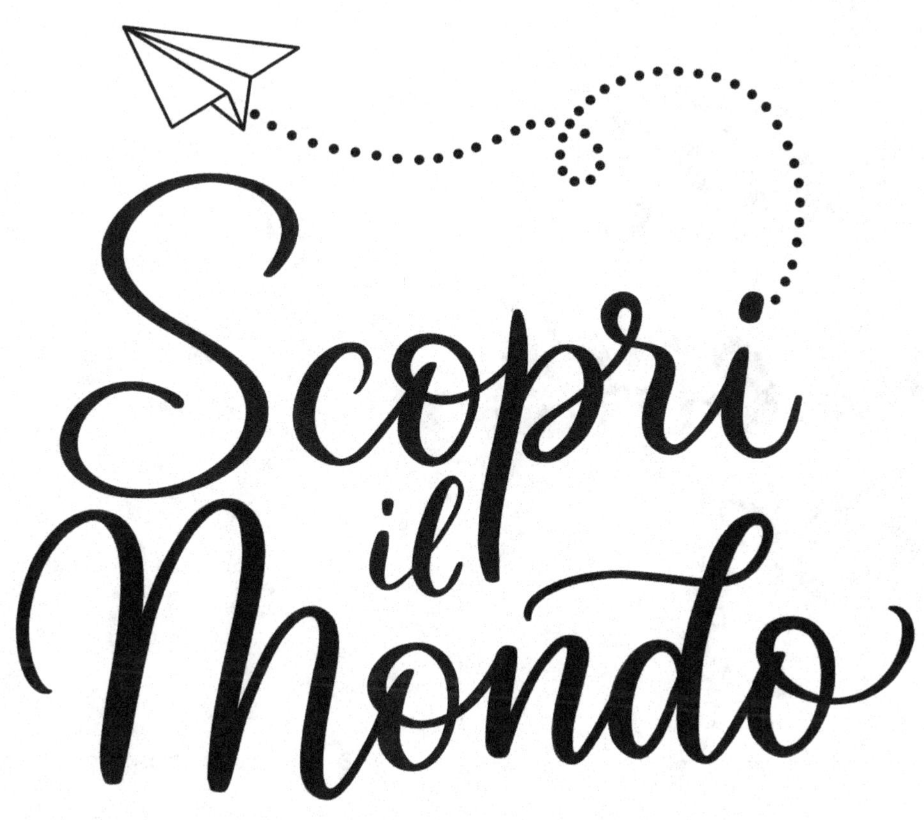
Scopri il Mondo

PROGETTI FINALI

Goditi le piccole cose ———————————— Segui le linee per ridisegnare il progetto —

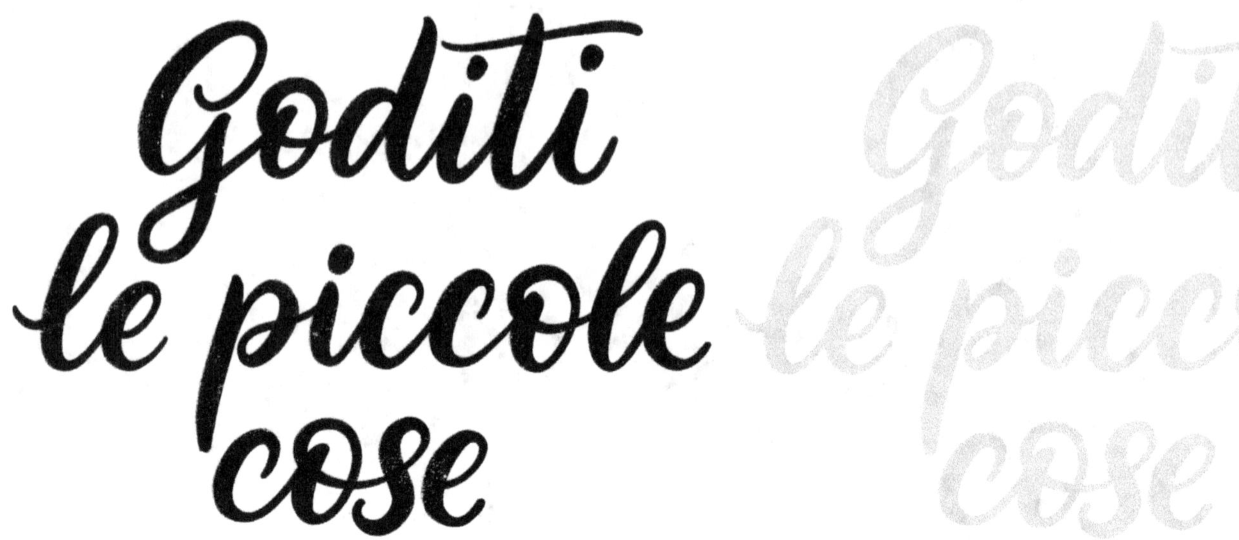

Ora Provaci Tu ———————————— Crea la tua composizione ————————————

Mente felice, vita felice ———

Segui le linee per ridisegnare il progetto —

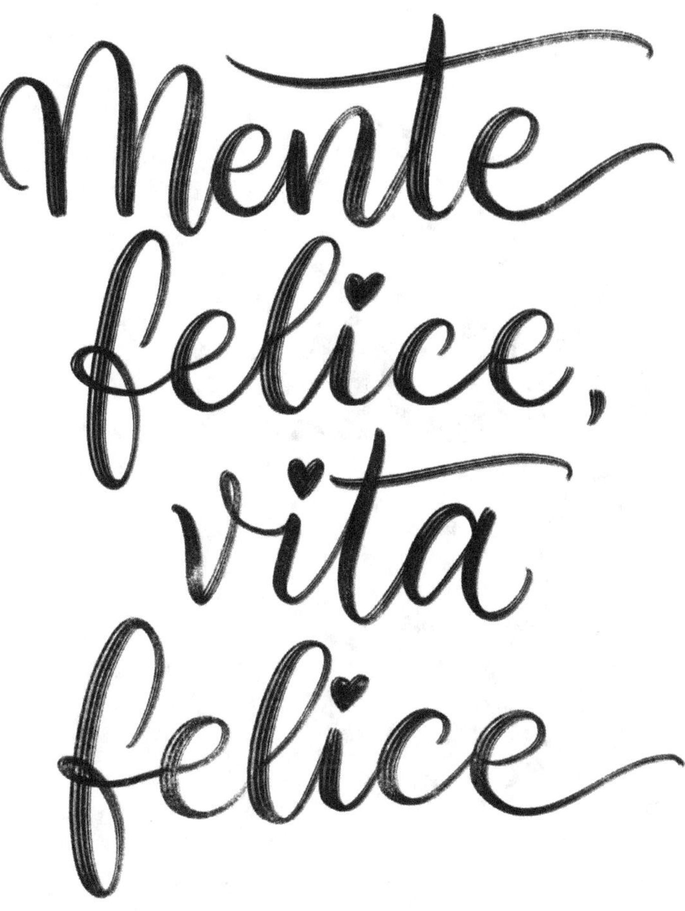

Ora Provaci Tu ————

Crea la tua composizione ————

135

PROGETTI FINALI
Sogna in grande, Lavora duro

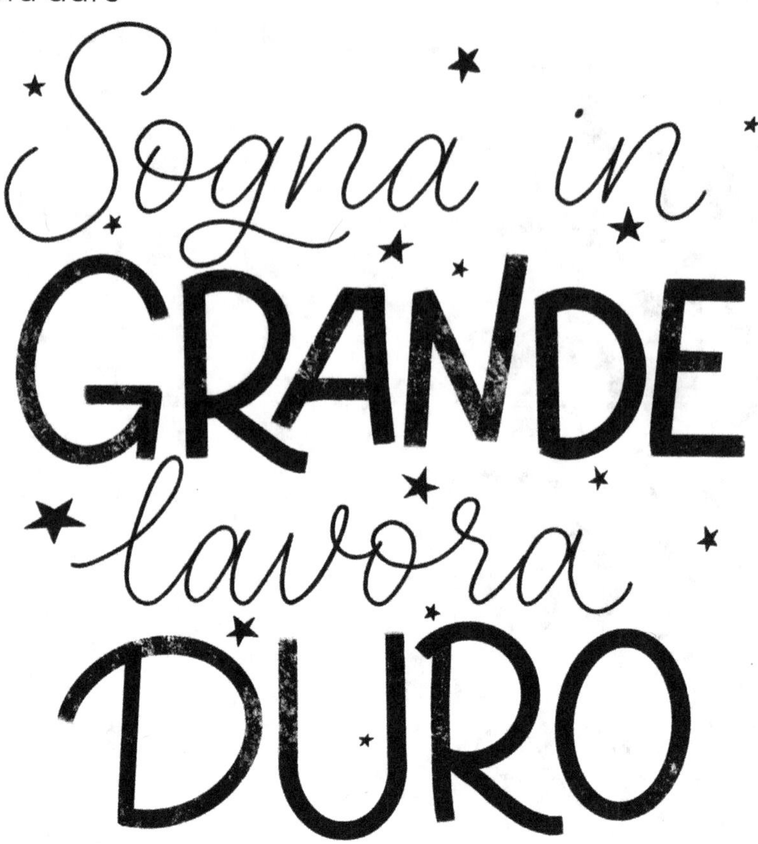

Segui le linee per ridisegnare il progetto

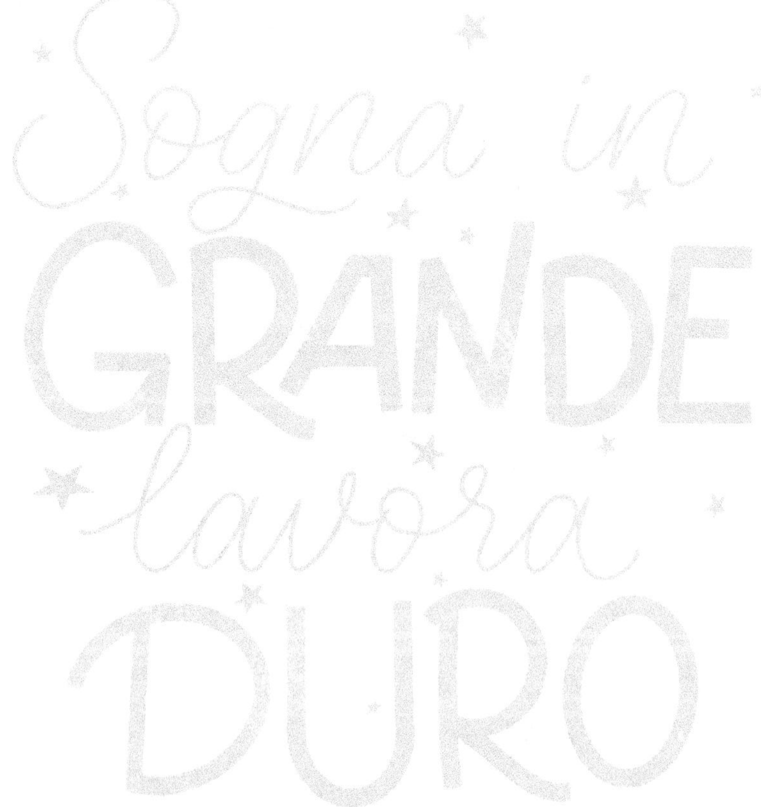

Ora Provaci Tu ——————————————————————————————

Crea la tua composizione ——————————————————————————

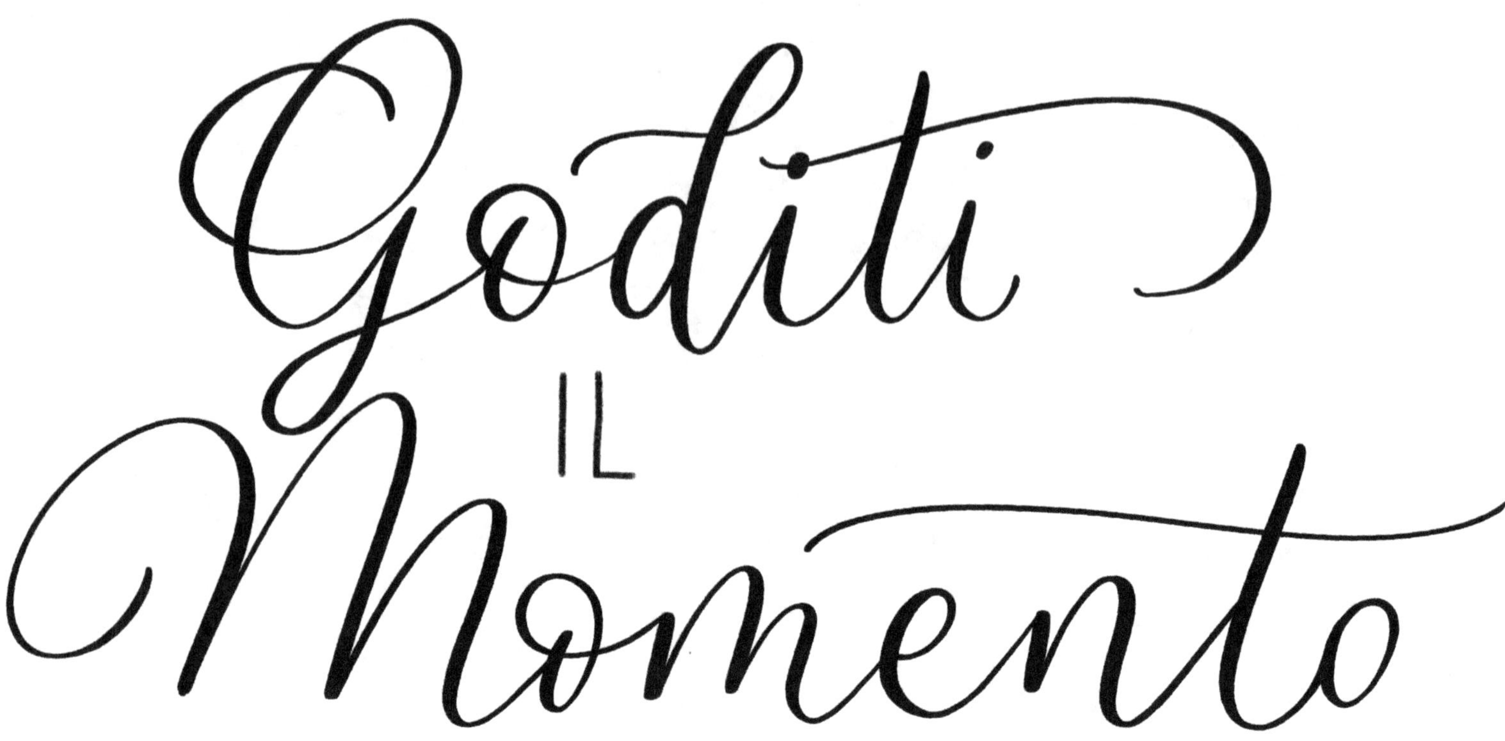

Segui le linee per ridisegnare il progetto

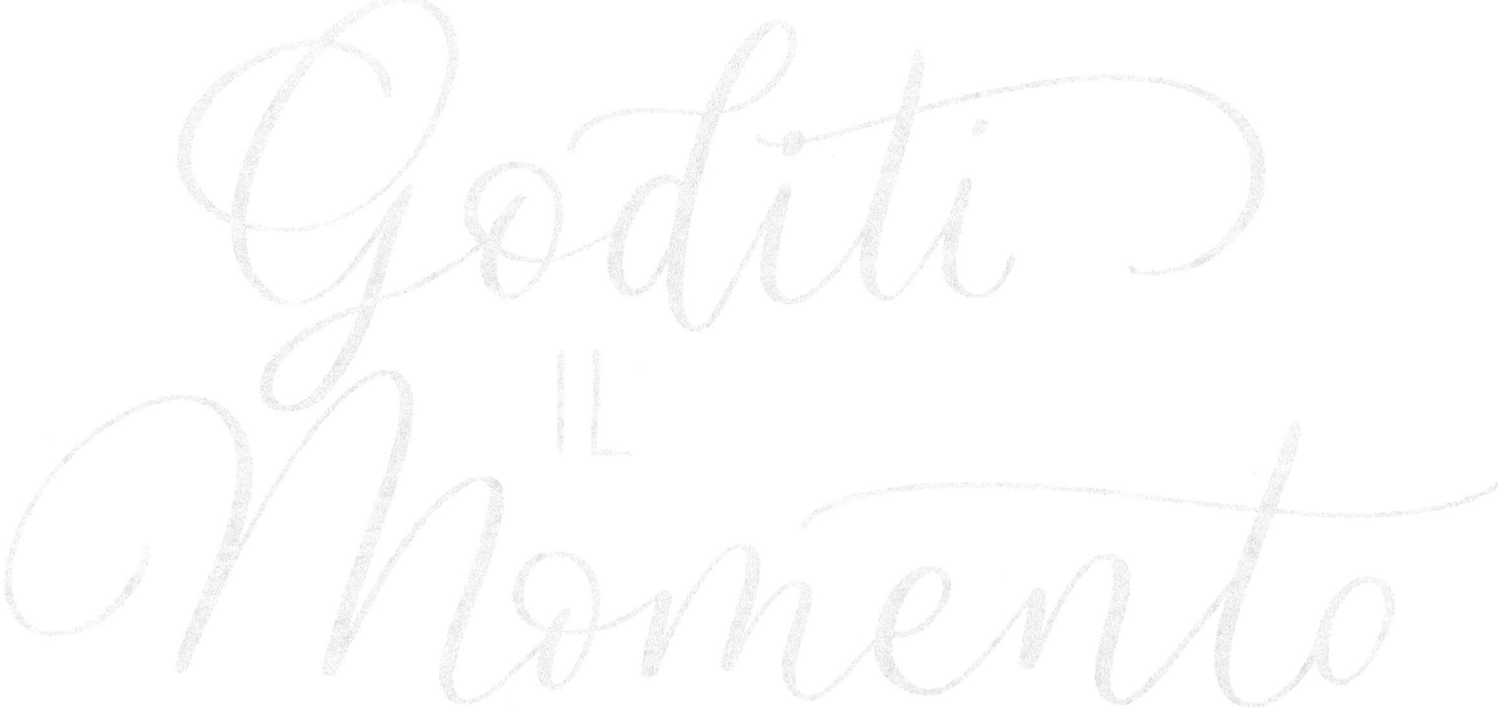

Ora Provaci Tu

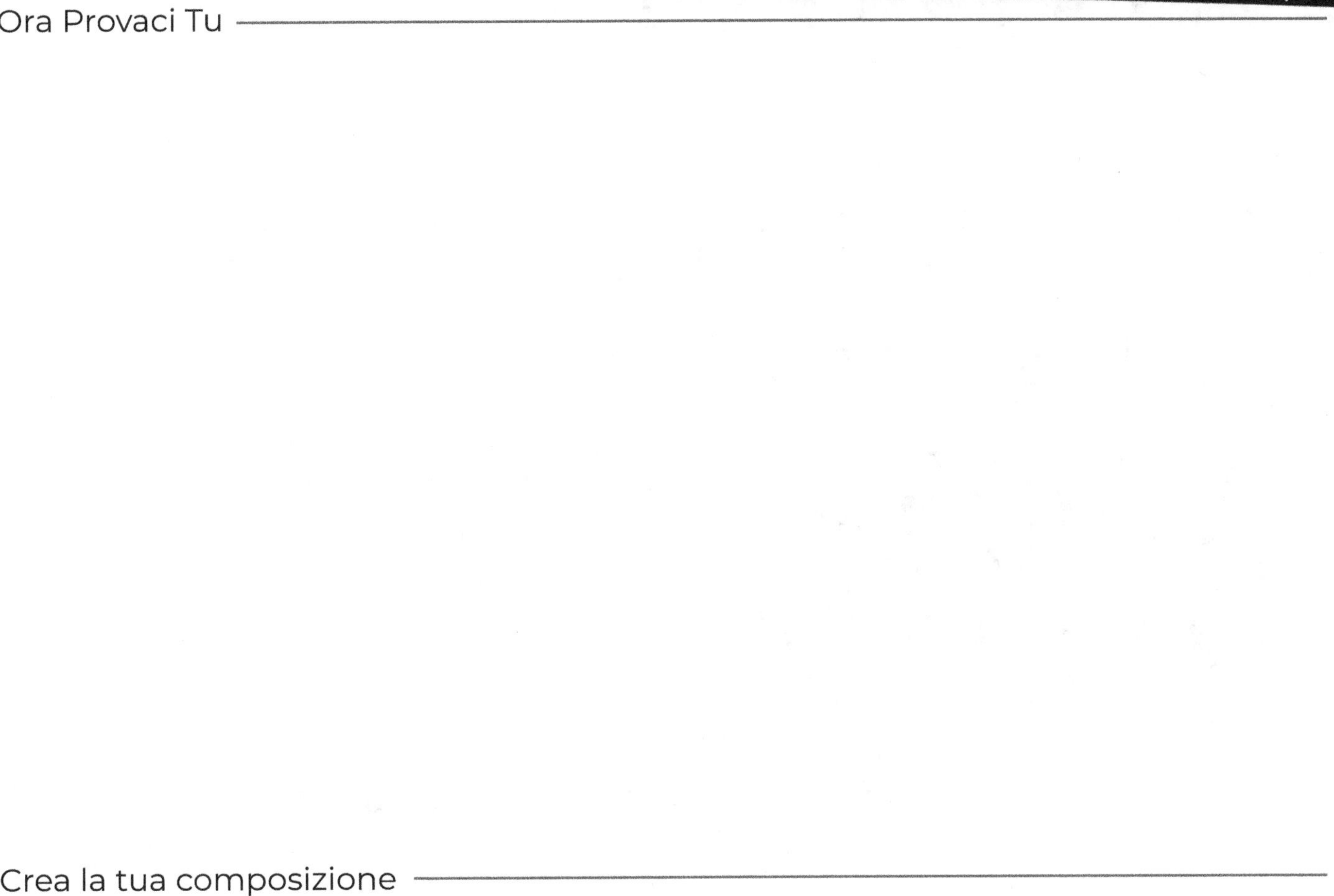

Crea la tua composizione

La normalità è noiosa ————————— Segui le linee per ridisegnare il progetto —

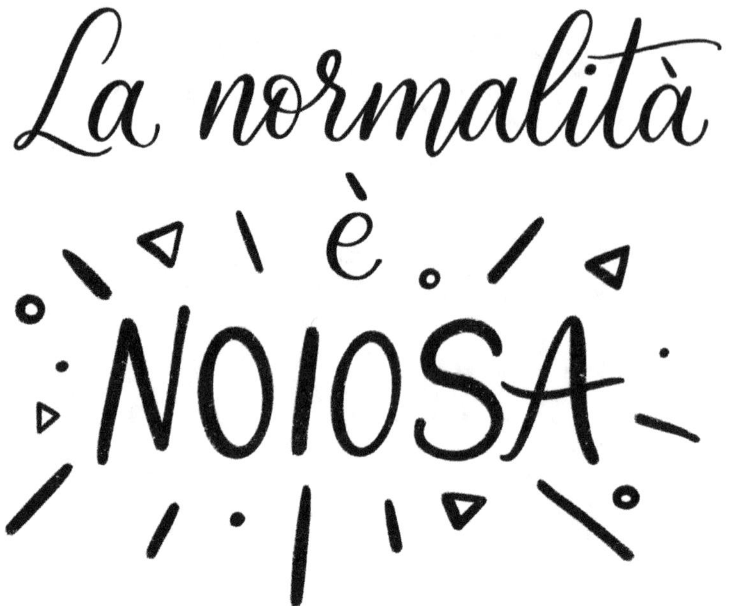

Ora Provaci Tu ————————————— Crea la tua composizione ——————

Credi nel sistema

Segui le linee per ridisegnare il progetto —

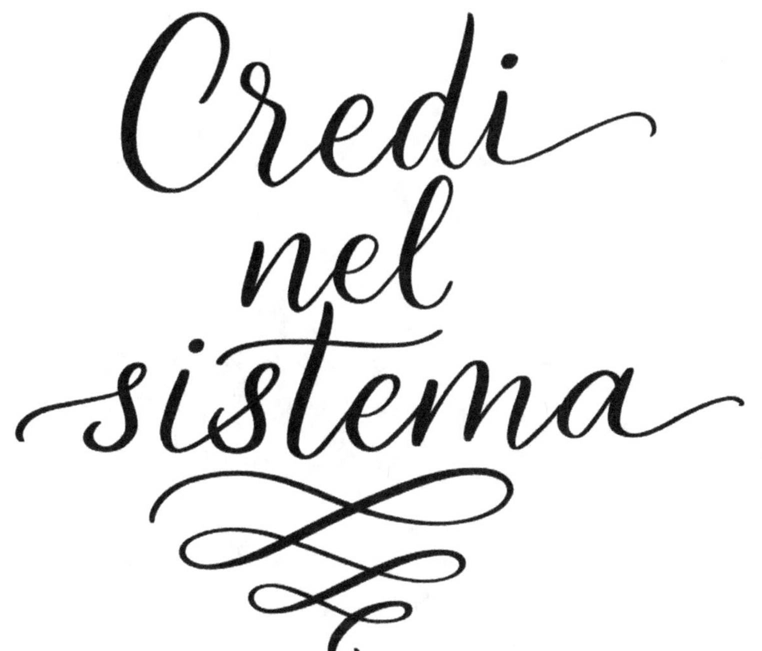

Ora Provaci Tu

Crea la tua composizione

PROGETTI FINALI

Tutto quello che hai è adesso ————————

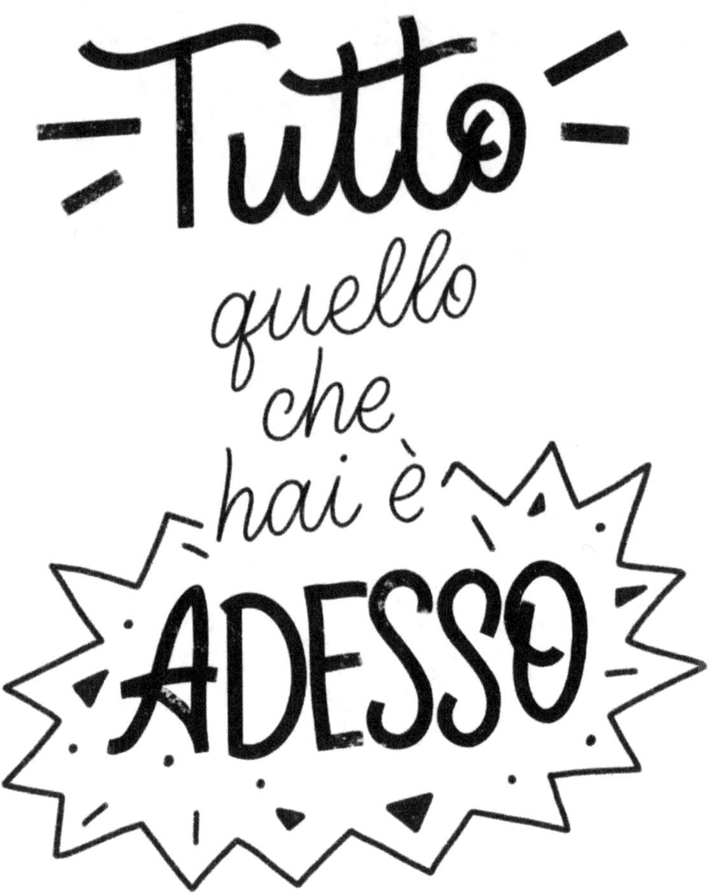

Segui le linee per ridisegnare il progetto —

Ora Provaci Tu ————————————————

Crea la tua composizione ————————

Inspira, espira ———— Segui le linee per ridisegnare il progetto —

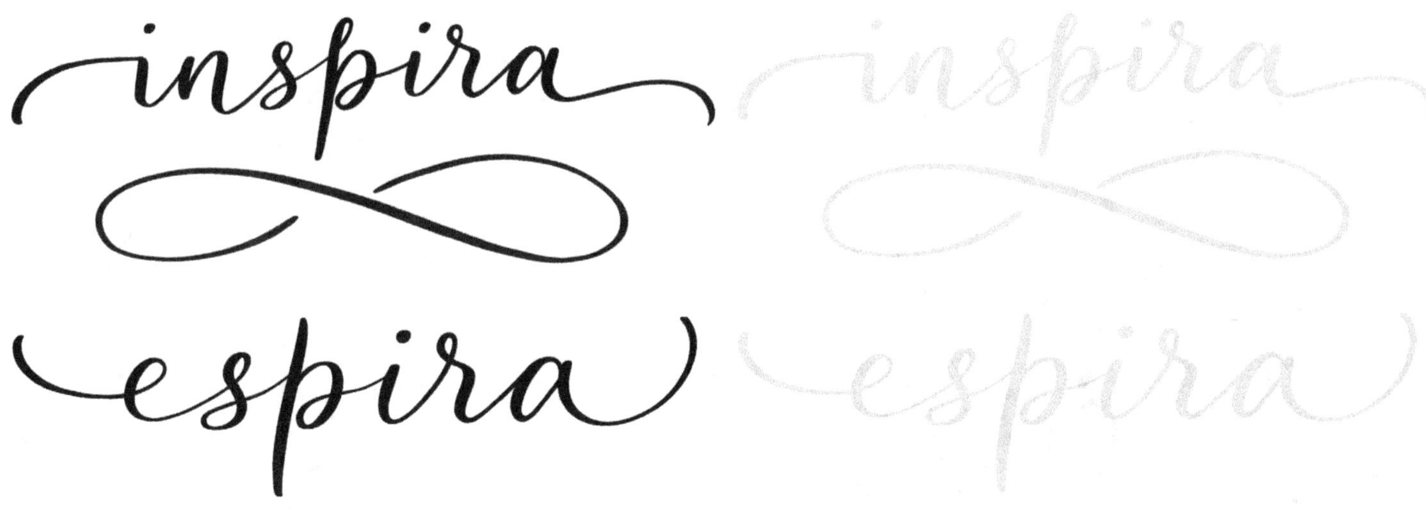

Ora Provaci Tu ———— Crea la tua composizione ————

Prima di tutto, caffe ———————

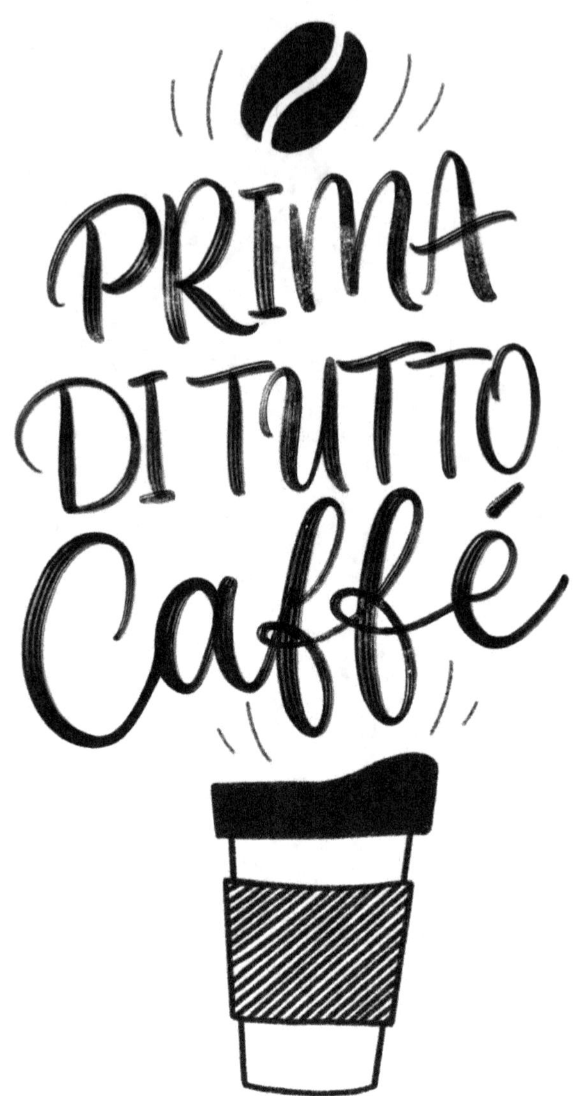

Segui le linee per ridisegnare il progetto —

Ora Provaci Tu ———————————— Crea la tua composizione ————————

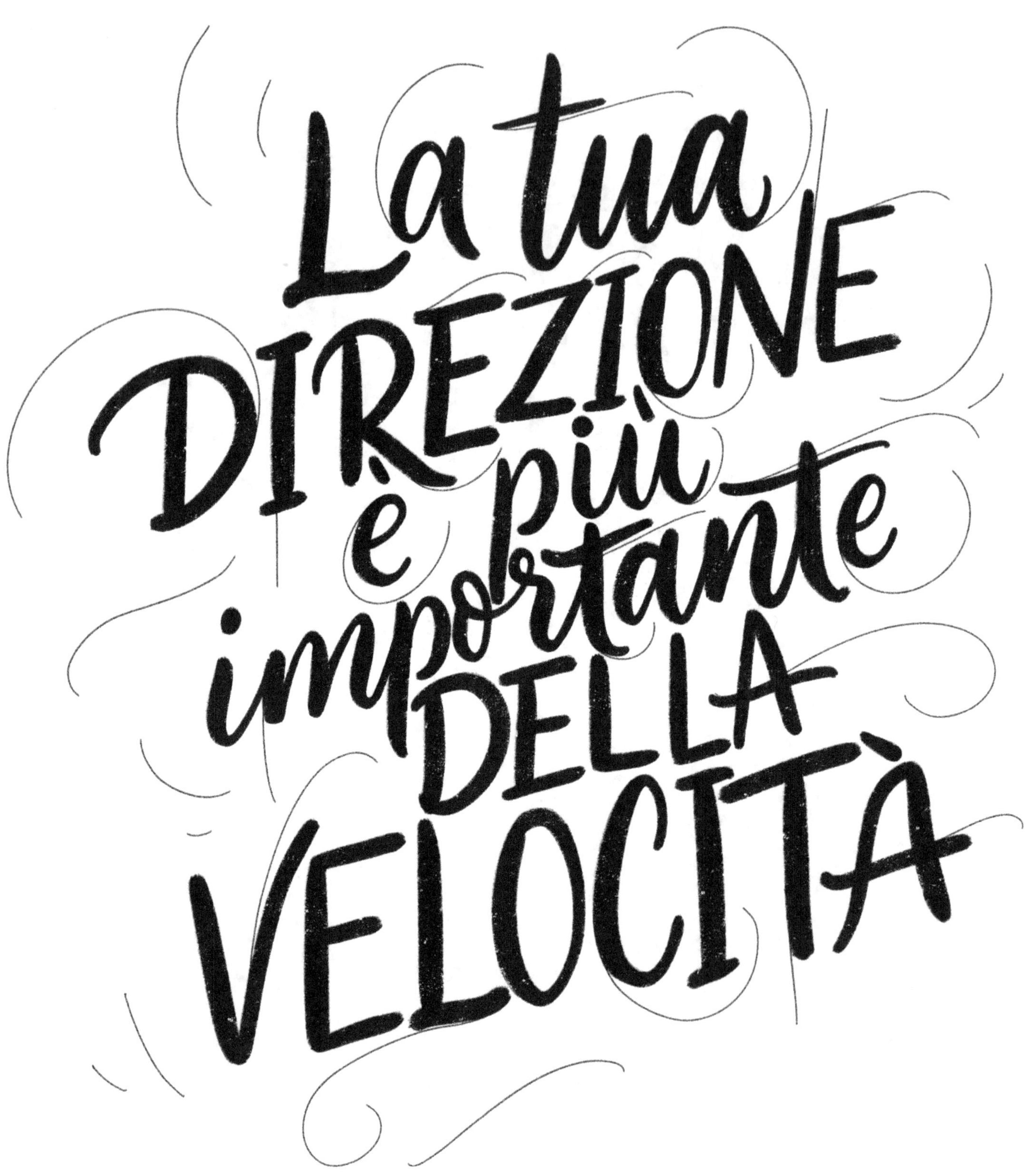
La tua
DIREZIONE
è più
importante
DELLA
VELOCITÀ

Segui le linee per ridisegnare il progetto

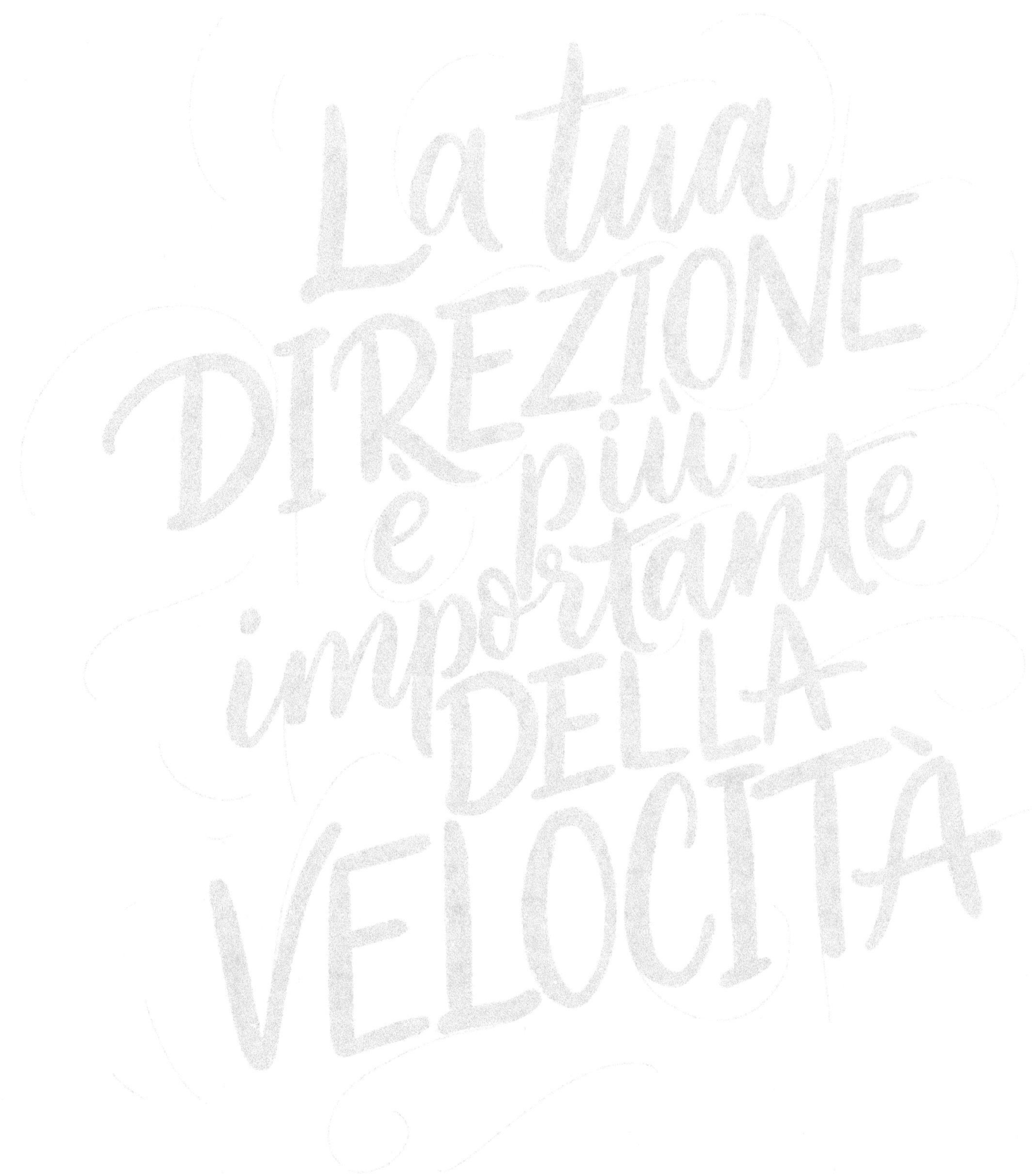

Aiutaci SCRIVENDO UNA RECENSIONE SU AMAZON

Ci auguriamo che questo libro ti sia piaciuto e che il tuo viaggio nell'arte della calligrafia sia iniziato nel miglior modo possibile.

Sarebbe davvero importante per noi ricevere il tuo feedback sulla guida, questo aiuterebbe altri artisti a conoscerla e ad utilizzarla.

Ti spieghiamo di seguito come farlo:

1. Vai su Amazon dal tuo profilo e clicca sui «miei ordini»

2. Cerca questo libro

3. Clicca su «Scrivi una recensione per questo prodotto»

4. Lasciaci la tua valutazione e, se vuoi, aggiungi alcune foto delle tue fantastiche creazioni e progressi!

SOLUZIONE RAPIDA; SCANSIONA IL CODICE QR DI SEGUITO

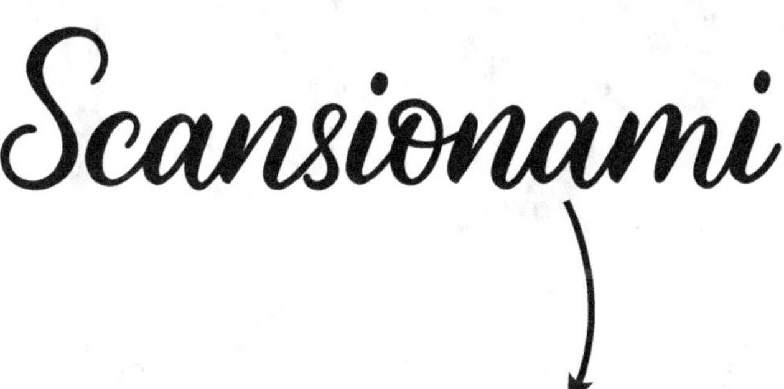

Grazie MILLE PER IL TUO SOSTEGNO!

Non devi
ESSERE
PERFETTO
per essere
straordinario

www.ingramcontent.com/pod-product-compliance
Lightning Source LLC
Chambersburg PA
CBHW082019150726
48196CB00073B/553